品读大连·第四季

沧桑大连老镇

CANGSANG DALIAN LAOZHEN

大连晚报社棒棰岛周刊部 编著

大连出版社
DALIAN PUBLISHING HOUSE

图书在版编目 (CIP) 数据

沧桑 · 大连老镇 / 大连晚报社棒棰岛周刊部编著. — 大连 : 大连出版社, 2015.2
(品读大连 · 第四季)
ISBN 978-7-5505-0847-7

Ⅰ. ①沧… Ⅱ. ①大… Ⅲ. ①乡镇 – 介绍 – 大连市 Ⅳ. ① K923.15

中国版本图书馆 CIP 数据核字 (2014) 第 298666 号

出 版 人 : 刘明辉
策划编辑 : 刘明辉 李 岩 卢 锋 张 波 郭朝晖
责任编辑 : 卢 锋
封面设计 : 林 洋
版式设计 : 阎 骋 王 岩
责任校对 : 檀 月 尚 杰
责任印制 : 徐丽红

出版发行者 : 大连出版社
地址 : 大连市西岗区长白街 10 号
邮编 : 116011
电话 : 0411-83620401/83621075
传真 : 0411-83610391
网址 : http://www.dlmpm.com
邮箱 : cbs@dl.gov.cn
印 刷 者 : 大连华伟印刷有限公司
经 销 者 : 各地新华书店

幅面尺寸 : 170mm × 230mm
印 张 : 12
字 数 : 200 千字
出版时间 : 2015 年 2 月第 1 版
印刷时间 : 2015 年 2 月第 1 次印刷
书 号 : ISBN 978-7-5505-0847-7
定 价 : 36.00 元

我爱大连

大连出版社将要编辑出版“品读大连”系列丛书，我非常赞成。作为一个土生土长的大连人和曾经参与过这个城市建设与发展的领导人之一，我对大连总是有一种偏爱，总是觉得这个城市所蕴涵的文化值得我们去认真挖掘。这套丛书动员十几位作者，分十几个专题对大连的文化现象进行挖掘和梳理，我认为这项工作十分有价值。

大连是一座充满活力、现代感非常强、文化不断创新的城市，也是一座有着特殊历史和个性的城市。因此，如何在新的时期找出大连的文化定位，挖掘大连的文化内涵，突出大连的城市性格，使城市的根和魂能不断通过文化来体现，并最终提炼出大连的城市精神，既是城市的管理者、建设者所要关注的，也是所有文化工作者义不容辞的责任。另一方面，随着经济的飞速发展，中国的城市化进程不断加快，在这个过程中，我们也面临着“千城一面”的特色危机，很多城市面貌趋同，城市个性模糊。实际上，城市发展不仅仅是GDP的单纯增长，文化内涵的建设与发展也是一个重要方面，文化竞争力将决定城市未来的竞争力。

因此，我觉得此次大连市委宣传部和大连出版社共同策划出版“品读大连”系列丛书，可谓正当其时。从多层面多角度挖掘、整理、总结、诠释大连的风物人情、文化脉络、人文价值，并以图书的形式把这些宝贵的非物质财富积累、沉淀下来，无论是对于大连这座年轻却饱经沧桑的城市来说，还是对于600万大连市民乃至我们的子孙后代来说，都是一件功在当代、利在千秋的好事情。当然，在宣传城市、促进交流、满足各界人士阅读需求、提升市民文化素养、锻造城市品牌力等方面，也都具有重要意义。作为一个大连人，我对这套丛书充满期待。

与中国其他城市相比，大连建市时间较短，很多人以此认为她没有文化，甚至使用了“文化沙漠”这样的词汇来定义她，很多大连人往往也是一提到“文化底蕴”就没了自信。实际上，大连有自己独特的历史文化积淀，她缺的不是文化，而是发现的眼睛、挖掘的意识、提炼的行动。这正是我们应该做并且正在做的。

最后，我想借用一句大连的流行语来表达我的心情：

我爱大连，从未离开。

这句话揭示了每一个热爱故乡的大连人内心深藏的情感。作为其中的一员，我愿怀着赤诚之心为她作出自己绵薄的贡献。

中共辽宁省委副书记 

目录
CONTENTS

老铁山

辽宁的天涯海角

谭可歆

一山分两海，辽南有胜景。
海角采圣火，铭记泅渡人。
仙岛龙凤斗，峰下泉水温。
龙王享上祭，源源四海珍。

黄渤海分界线

▼老镇名片

铁山街道坐落在旅顺口新城区西南部，与旅顺经济技术开发区毗邻，距大连市中心45公里，交通便捷。辖区面积64平方公里，海岸线长40.23公里，辖14个行政村，人口2.1万人，有汉族、满族、朝鲜族等。

铁山街道地处海滨丘陵，四季分明，气候宜人，冬无严寒，夏无酷暑。铁山海域盛产鱼、虾、贝、藻，其中皱纹盘鲍、刺参、海胆、扇贝等海珍品驰名国内外，这里也是大连市重要的副食品生产基地之一。

老铁山离大连不远，四五十公里，如果开车，不过一个多小时的路程。但要想了解老铁山，却需要静下心来，从镇到村，一处处细细感受。2013年8月的一个夏日，在铁山街道宣传专干于兆学的引领下，笔者开始了老铁山之旅。“老铁山无论自然条件还是人文历史，都是独一无二的。这里有山有海，有金矿有温泉，有‘半岛小江南’，还有国内最好的自然保护区。在中国近代史上，无论日俄战争还是中日甲午战争，旅顺大部分地区屡遭屠戮，唯独老铁山，幸运地躲过了这些战争人祸。”57岁的于兆学是铁山镇张家村人，干了多年街道宣传工作。作为土生土长的老铁山人，说起自己的故土，他的言语中透出难以掩饰的热忱。

穿过旅顺市中心，向着西南方向行

驶，不到20分钟，采访车就到了铁山街道办事处。从这里继续向西南方向行驶，车子按采访的顺序依次在牧羊城村、郭家村、黄渤海分界线一一停留。“老铁山的历史，老铁山的独特，都在这一个个村子里，要想了解老铁山，就要踏遍它的每一个村庄。”于兆学说。

▼旅顺的历史始于千年老铁山

老铁山，听起来貌似冰冷的名字，却以其独特的自然风貌和地理环境，形成了许多奇妙的景观，使这里充满了迷人的色彩：5000年的漫长历史，有了遍及田间地头的考古遗址；依山傍海、树木繁茂的老铁山，有了东北亚大陆候鸟南北迁徙的必经之地——“候鸟栈道”和世界上唯一只有一种毒蛇集中的地方——蛇岛；一眼看两海的黄渤海分界线，加上百年“中国第一灯塔”，有了第12届全运会火种的冉冉燃起……

2013年5月，联合国教科文组织决定在世界生物圈保护区网络中添加12个新保护区，其中包括中国大连旅顺蛇岛老铁山自然保护区。悠久的人文历史和得天独厚的自然条件，使得物华天宝的老铁山，这个辽宁最南端的“东方好望角”有着说不尽道不完的精彩传奇。

在大连，说起历史，很多人的第一个反应就是旅顺。“一山（老铁山）担双海，一港（旅顺军港）写春秋；一个旅顺口，半部中国近代史。”虽然对这句话有的史学家并不完全认同，但它也从另一个角度证明了旅顺历史的重要性。而对于旅顺而言，其人类历史的最早起源就在它的最南端——老铁山。

郭家村，铁山街道的一座村庄，过去的名字已无从知晓。而郭家村遗址，就坐落在郭家村背后一个背山面海的小山坡上。1976年的一天，人们在地里犁出了红烧土，辽宁省博物馆和旅顺博物馆的考古专家们共同考察发掘了郭家村文化遗址。

铁山镇中心原貌

渔船归港

通过大量的石器、陶器、骨器考证，考古专家们认定，5000年前，这下面有一座炊烟袅袅的村庄，可以肯定这里是旅顺人类历史的发祥地。

1973年在郭家村将军山发掘的将军山积石墓遗址拥有3000多年的历史，这是郭家村的又一座历史遗迹。郭家村并不是一个孤立的存在，从郭家村向西走不远，还有于家村遗址、牧羊城遗址、尹家村大坞崖遗址。它们与郭家村遗址，都是三四千年前的村庄。当年，那些从海对面漂泊而来的移民者，在这里上岸后，即以村庄的方式留下了自己的印迹。

老铁山是旅顺口第一高峰，以山石灰黑、色泽似铁得名。史料记载，老铁山在汉朝名为乌石山，晋以后称马石山，辽改用今名。铁山街道因境内坐落的这座老铁山而得名，人们习惯直称其为“老铁山”。

历史一朝朝地走过。于家村砣头出土的铜器告诉了我们商朝时期人类在这里活动的情况；战国时这里属燕国的辽东郡；汉朝时，于家村东边的山坡上修建了“牧羊城”（又称“木羊城”），这是旅顺成为军事重镇的开端。在它附近出土的记事砖是迄今旅顺发现的最早记事文字。

公元前140年，汉武帝派船东来，停泊于将军山（老铁山）下，开辟了从山东半岛通往朝鲜的航线。当时这个地方是海上必经的中途港口，随着海上交通的发展，从山东、河北等地移来辽东半岛垦拓的汉人越来越多。因此，在汉开国百年之后，这一带便成为人烟稠密、经济文化较发达的地区。在铁山的大坞崖附近还曾采集到专门为封缄信件传递的“河阳令印”、“武库中丞”封泥等（封泥相当于现代火漆印，用于保密性质的信件）。这也进一步证明，牧羊城在战国、西汉时期，曾是山东半岛与辽东半岛往来交通的一个重要枢纽。

当时，无论是中原官府差送信件、公文和军需品，还是中原地区输出的布帛、漆器、铜器等手工业商品，多经过牧羊城北上东北地区，或直达朝鲜半岛。而东北的毛皮、羊、马等土特产品也汇集到牧羊城，越海运抵中原各地。在当时，这里不仅是一座“海防城堡”，也是沟通中原与东北政治、经济、文化联系的“桥头堡”。

三国时期，征战频繁。魏国司马懿在辽东郡烧杀掳掠，居民被大批掳走，余者流离失所，渡海逃往山东。经过战乱，繁荣的辽东半岛一片荒凉，居民寥寥，牧羊城也就败落废弃了。

▼辽宁的天涯海角，燃起全运会火种

提起天涯海角，人们都会想到海南岛。其实，在辽宁，也有一个被称为天涯海角的地方，这就是辽宁陆地的尽头——辽东半岛最南端的老铁山。如果把中国版图比作一只雄鸡，那么老铁山就是这只雄鸡的喙。

在中国，知道老铁山的人并不多，但它在世界地理上的名气要比五岳名山大得多。作为长白山脉支系千山山脉的余脉，它不仅是辽宁半岛陆地伸向海洋的尖端地标，而且是亚洲北部两大近海黄海、渤海的地理分界线。

很多人知道老铁山，就是因为黄渤海分界线，这也是这个千年古镇最著名的独特风景。

老铁山一角

张健下水前接受采访

在地图上，黄海和渤海分界线是以辽宁老铁山西角经庙岛列岛至山东蓬莱的对角连线而成的，北为渤海，南为黄海。老铁山角，又称老铁山岬，是一个观海的好地方，山岬所临海域是国内最为凶险的海域之一。

2013年7月26日，第12届全运会火种从老铁山黄渤海分界线采集并开始传递。为什么选在老铁山，究竟有着怎样的特殊寓意？这个答案从见诸报端的文字中可以得知：从地理位置上看，这里是辽东半岛的最南端，在老铁山南侧临海的山崖上，就立着“辽宁半岛最南端”一行大字。看着山崖南侧一片茫茫的大海，我们仿佛站在了海天的尽头。站在老铁山山顶向海面远眺，左手边是靠东的黄海，水呈深蓝色，而右手边的渤海水却显得浑浊，略呈微黄色。黄渤两海的浪潮，由老铁山角两边涌来，交汇在这里，由于海底地沟运动和两海各自不同水流的作用，形成一道天然的分界线。在如此浑然天成的自然奇景面前，采集全运会的火种，自然成为一件人们津津乐道的美谈。

千百年来，以浊清线分观两海的壮观场面令观者惊心动魄。“老铁山头入海深，黄海渤海自此分；西去急流如云海，南来薄雾应风生。”流传至今的这首诗就形象地描绘出了它的壮观景象。这种奇观在世界其他海域极少见到，也让这里获得了“东方好望角”的盛名。

2000年8月8日，渡海英雄张健在此下水，历时50小时22分钟，成功地横渡了渤海海峡，成为横渡渤海海峡的世界第一人。如今，这里已成为旅顺旅游观光的热点。

老铁山灯塔是旅顺的象征

▼见证百年历史风云的"中国第一灯塔"

在老铁山，还有一处自然与人文完美结合的景观，即老铁山灯塔，它是2000年大连市新八景之一。进入老铁山角，最为显眼的就是老铁山灯塔了。灯塔建在老铁山西角伸入海中的一个海拔86.7米的岬角坡地上，石头砌成的塔基，白色的塔身高14.2米，直径6米。晴天，如果登上塔顶，海阔天高，黄海、渤海，蛇岛、海猫岛、隍城岛，尽收眼底；入夜，灯塔发出的强烈光束可照射25海里远，夜无间断地给海峡中穿梭往来的航船指引航向。

这座灯塔建于1893年，是由法国人设计、制造，英国人组装的，清朝海关出资设置，距今已有120年历史。灯塔上的"八面牛眼透镜"是用水晶玻璃经人工磨制而成，堪称一绝。它经历了甲午战争、日俄战争、日本占领的历史风云。大连解放后，电灯代替了油灯，电机代替了古老的机械。1955年5月，苏军撤离旅大回国，旅大海域的航标设施全部交给中国海军旅顺基地管理。1980年，海军旅顺基地管辖的海上公用航标移交给交通部天津航道局管理，并在大连设立航标区。

百余年间，灯塔几经改造，至今仍在为过往船只导航。1977年，灯塔增设了全球卫星高精度定位系统。1997年，它被世界航标组织评为"世界名塔"。2002年5月18日，国家邮政局为它发行了特种纪念邮票。

如今，被称为"中国第一灯塔"的老铁山灯塔是渤海及旅顺口的重要助航灯塔，也是大连市重点文物保护建筑。它对于研究中国近代史、世界航海史有着十分重要的历史价值。

▼蛇岛老铁山国家级自然保护区——大自然赐予的一张绿色名片

每个到过老铁山的人，无不惊讶于这里得天独厚的自然风貌和地理环境，惊叹于这里的奇妙景观。

老铁山是石山，石头呈黑褐色，像是生铁打就的一般，岩石里含有铁、金、磷、硅等多种金属元素，民谣称："老铁山有金银十八锅，不在前坡在后坡。"几千年来，这里树木繁茂，满目青翠，又很少战争的侵扰，可贵地保留了原始生态。1980年，国务院将老铁山同蛇岛一起命名为"蛇岛老铁山国家级自然保护区"，它是全国环保系统第一个国家级自然保护区，也是大自然赐予老铁山的一张绿色名片。老铁山自然保护区由铁山街道盐滩村起，沿公路经中鸦户嘴村、方家村、隋家村、张家村、山头村、西湖嘴村一线，长约25公里，宽约7公里，面积约170平方公里。

特殊的地理位置和适宜的自然环境，为鸟类提供了良好的停歇、栖息场所，使得这里成为东北亚最重要的野生候鸟迁徙落脚点，被国际野生动物保护组织誉为"候鸟栈道"，每年途经这里的候鸟达200余种近千万只，对全球鸟类生态多样性起着关键作用。

在铁山街道采访时，街道党委副书

记刁成炜说起“候鸟栈道”，兴致勃勃地讲了一个细节：“我们听鸟叫，都不用跑到保护区，每年8月份，当候鸟飞来时，你在街上散步，早晚都可以听到各式各样的鸟叫，让人有了和大自然天人合一的感受。”

每年春秋两季，从老铁山路过的鸟到底有多少种？从大连、北京、天津等地自然博物馆采到的标本和前人的资料看，经过这里的鸟共有21目46科210种，约占我国鸟类总数的1/4，其中不乏珍禽异鸟，属于国家级重点保护的一、二类珍禽有丹顶鹤、白鹤、黑鹳、天鹅、白枕鹤、秃鹫、鸳鸯等数十种。

千百年来，每年大批来此做客的鸟早已与老铁山下的村民结下了不解之缘。

捕鸟、食鸟、斗鸟、卖鸟曾经是这里的习俗，每个村庄都流传着讲不完的鸟故事。自古这里就有“照雀”的习惯：秋夜里，漫山遍野到处是扑鸟的灯火，山谷里不时传出打鸟的枪声；房前屋后，人们手持灯具、扣网、枪、套等，组成了扑雀大军；就连当地的猫都学会了利用秋天时节为主人大忙一番，有的猫一天能捉到几十只鹌鹑。

但自从老铁山成为国家级自然保护区后，“宁吃飞禽四两，不吃走兽一斤”成为了历史，当地人以爱鸟护雀为己任，早已杜绝了捕杀鸟类的陋习。在铁山街道，很多学校都有自己的“爱鸟

镇上老树

小分队”，师生们经常到山林中去挂鸟巢，放飞爱鸟。老铁山百鸟呈祥构成一道独特的风景。

▼传统热闹的渔人节和热烈奔放的渔人画

靠山吃山，靠海吃海，几千年的渔人生活，让老铁山的渔民们创造了自己独具特色的渔人文化。

位于黄海岸边的柏岚子村每年正月十三过“龙王娘娘节”，渤海岸边的牧羊城村、张家村、陈家村，从明朝时起就有给“龙王爷”过生日的习俗。每年农历六月十三，渤海沿海各村渔民都自发来到海边为“龙王爷”过生日，烧纸、烧香、放鞭炮，祈祷全年风调雨顺。2005 年农历六月十三，旅顺口区政府、旅游局在柏岚子村举办了旅顺第一届渔人节祈福大典活动，此后每年都举办渔人节活动。

渔人画

每年老铁山的渔民都会举行隆重的祭祀仪式，也是大连海文化的浓重一笔

渔人节这一天，海上船只不论大小都彩旗高悬，鞭炮锣鼓齐鸣，男女老少兴高采烈，喜上眉梢。船主们杀猪宰羊，祭海祈福，企盼海上生产丰收平安。

近年来，以“重养轻捕”为原则，人们利用渔人节进行大规模放生鱼虾幼苗及海珍品苗活动。同时，还举办海上垂钓比赛、厨艺比赛、文艺演出、赛诗赛歌、摄影展览等。

铁山街道的对庄沟村，有一位独特的渔家女子，她叫隋金凤。上世纪90年代初，没有受过任何绘画专业训练的隋金凤创作的渔人画在北京和莫斯科展出，引起很大轰动，当时她才22岁。她的那些画风格独特、色彩浓烈，充满着渔家风情和想象张力，淋漓尽致地表现了老铁山千百年来的渔民生活。

▼温泉“美人汤”，酒香飘十里

老铁山温泉，曾是大连人趋之若鹜的享受。

关于老铁山温泉有不少传说。相传在清朝乾隆年间，有一名叫张鹤的乡医慕名来山上挖参采药，不幸染上肠炎腹泻不止，又长了一身奇痒难熬的皮癣，痛苦不堪。一天，他晕倒在一块岩石下。不知过了多久，他清醒过来，猛然发现身边有一处在咕嘟咕嘟向外冒泉水，他爬到泉边俯身饮水，嘴唇一沾便烫得惊叫起来。后来，他在泉边搭起了窝棚，用泉水做饭、洗身，不到半月，肚子不疼了，皮肤病也好了。从此，老铁山温泉治病之说便传开了。

在铁山街道柏岚子村南庙旧址，老铁山东麓青龙峰脚下，有一眼碗口粗的山泉，终年不断地涌出甘甜的泉水，这就是老铁山泉水。老铁山的泉水有冬暖夏凉的特点：在烈日炎炎的盛夏，只要接触到泉水就即刻消除酷热；在冰雪严寒的冬天里，泉水也不封冻，冒着白色的热气，泉水周围也是水草茂盛，碧绿可爱。泉水石缝中还有河鳝鱼，最大的有一米多长。因为口感特别好，老铁山泉水也是酿造啤酒和制作高级饮料的上乘水源。

位于老铁山国家级自然保护区核心区的郭家村，是个历史悠久的小山村。因为坐落在老铁山怀抱中的天然小盆地，它的年平均气温高于山外 2℃～3℃。早春、深秋，山外大雾弥漫寒气逼人之际，这里风和日丽，暖意融融，

乡村酒坊酒香四溢

因此被誉为“半岛小江南”。

在郭家村采访，笔者远远地看到一面黄底红边的大旗，走近一看，上面写着大大的“酒坊”两字。此时，路边的绿树映着红花，正应了眼前“千里莺啼绿映红，水村山郭酒旗风”的绝佳风景。同行的司机师傅看到这面酒旗格外兴奋，跑下去买了一大壶酒。“前年我路过此地的时候，朋友介绍买了一壶，真是好酒，纯粮食做的，很多人都专门来买呢！”师傅说。

走了还会再来，也许这就是绝大多数到过老铁山的人的想法。在城镇面貌日趋相同的今天，老铁山以它独一无二的人文历史和自然景致深深地吸引着人们。

▼传说

老铁山

说起“老铁山”这个名字的由来，还有一个传说。

这个传说要从盘龙山谈起。盘龙山在老铁山的西北角，每年农历四月十八，这里都有庙会。有一年，南方一个会看风水的老道来到庙会，在人群里发现一只金马驹蹦蹦跳跳。老道急忙从腰里掏出一根红绳，刚要往马脖子上套，那金马驹腾空而起，一直向东南方向的大山飞去。老道赶到大山四处一看，原来这里是一块宝地，满山金银财宝。老道想：要是把金马驹引到南方去，这些宝贝都得跟着搬家，自己就发财了。他四下里

今日老铁山

山脚下的村落

寻找，发现金马驹在一农家房后吃草，刚想用手捉，哪知金马驹嗖地向山顶飞去了。老道循着方向在山顶上见到了一块金晃晃的金马石，石头和那只金马驹一模一样，原来就是金马驹变的。

老道不死心，下山找到了金马驹吃草的那户人家，经打听得知，原来这家房后长的草叫金针叶，金马驹专吃它。这种金针叶春天长出，秋天就没了。于是老道就对老头说："等来年你从端午节算起，过一百天以后，你把草割下来晒干，你要多少钱，我给你多少钱。"老头答应了。

第二年，风调雨顺，金针叶长得绿油油的。到了秋天，老头就到房后去看，他一连看了好几天，发现这草每天都少一块儿。老头一看不好，就把草割了，晒干了垛起来。后来老道来了，从钱褡子里掏出五十两银子递给了老头，然后从草垛里抽出一把草，就爬到了山顶。他把草高举在手里，在金马石面前晃啊晃。这时只见那块金马石活了，腾地爬了起来，但它用鼻子闻了闻草，立即掉转身来向天边飞去。原来老头把草割早了，金马驹不愿吃。

因为没有了金针叶草，金马驹再也不想待在这座山上了。它飞走以后，满山的金银财宝也跟着走了。不久，山上就起了一场大火，这火烧了三天三夜。大火熄灭后，大山黑乎乎的，像一口尖底的大黑铁锅扣在那里。从此，此山就被叫成了"老铁山"。"金山飞上天，金山变铁山，后人谁不骂，老道是老奸。"后来这里的人们就作了这首诗来骂那个老道。

黄渤海分界线

大连作家邓刚曾在他的小说《龙兵过》中形象而生动地描写过这条两海分界的水线。据说，当年玉皇大帝分封渤海、黄海、东海、南海四龙王海疆领域时，东海、南海两位龙王一直相安无事，唯有渤海龙王和黄海龙王，气量狭小，斤斤计较。双方巡海夜叉龙兵蟹将经常为海界之争大打出手，纠纷不断，玉皇大帝被他们搅得大伤脑筋，无奈中只好派太白金星到黄渤两海上空去巡视。

太白金星来到现在的老铁山前洋，见此处地势险峻，而水色略有不同。于是，玉皇大帝立刻召见黄渤两海龙王，决定在老铁山前洋划分界限。他命令太白金星手持令箭一支投向老铁山前洋，只见轰隆一声巨响，海底生出一道深深的沟堑，而与此同时，渤海变得略黄，黄海反倒湛蓝起来。见自己的水浑，渤海龙王略有不快。太白金星道，渤海的颜色变黄是因为从黄土高原带来的沃土养料充足，对海里的龙子龙孙与鱼虾繁衍大有益处，没事你偷着乐吧。从此，这一带就成为黄渤海的自然分界线，而渤海的海鲜水产也由于海洋中营养成分浮游生物丰富，所以非常鲜美。

牧羊城

相传唐贞观年间，唐太宗李世民率兵从山东蓬莱渡海到辽东，在羊头洼大乌崖登陆。唐军上岸时看到一位老人坐在山丘草地上牧羊，唐太宗走到老人面前施礼，问老人哪里可以筑城。老人说："我坐的地方可以筑城。"言罢，老人随羊群飘然而去。于是唐太宗率领渡海的大军，在老人指点的地方破土筑城安营扎寨，整顿军队，准备东征。后来人们称这座城为"牧羊城"。这里说的是唐代的故事，其实这座古城的建筑年代更加久远。

（摄影于兆学）

远去了刀光剑影

谭可歆

翻云覆雨龙子恩，一水还比一水深。
坝上看水难见底，坝下观花影缤纷。
歌者谐谐唱新曲，游人翩翩舞丽身。
脚踩海蟹手抓鲍，古刹门前好渔村。

龙王塘樱花闻名中外

▼老镇名片

龙王塘镇，位于辽东半岛南端，东邻甘井子区，西接旅顺城区，北倚群山，南濒黄海，面积103.24平方公里，人口2.6万多人。2008年，划归大连高新技术产业园区，改为龙王塘街道。

龙王塘素有“旅顺后花园”之美称，近代著名的旅大南路“八大景”中有五景在这里，“中国樱花第一园”的龙王塘樱花园在这里，文化浓郁的“海灯节”也在这里。

▼古镇历史几乎就是一部战争史

望文生义，很多人原以为龙王塘历史上不过是个较大的渔村，然而，当真正开始了解它时，它却很让人吃了一惊。很多人惊讶于大连营城子汉墓的悠久历史，殊不知龙王塘的历史早在战国时期就开始了。在《龙王塘街道志》中，有这样一段文字：燕昭王十二年（公元前300年）前后，燕将秦开率军驱东胡，辟地千里，置上谷、渔阳、右北平、辽西、辽东五郡。龙王塘地属辽东郡。汉武帝元封四年（公元前107年），汉在辽东郡设十八县，龙王塘地属沓氏县。

龙王塘作为军事重镇旅顺的前沿和渤海门户，它的历史也和旅顺紧密相连，从它存在那天起，就成为了兵家必争之地。在冷兵器时代，它的土地上不断掠过刀光剑影，经历血腥的悲剧；而在近代史上，它更是炮火连天，血流成河。

三国时期，公元238年，龙王塘经历了战争的第一次洗劫：魏国的司马懿发兵伐燕，魏、吴两军激战于辽东，战后吴军掠大批青壮男女和财物南去，沓氏县所剩居民纷纷逃往山东齐郡界（今淄博)。翌年，魏为安置逃亡灾民，于齐郡淄川县罗村(今淄博市淄川区罗村)一带另置一新沓县。原沓氏县改为东沓县。

1206年，成吉思汗的蒙古军渡过辽河攻占辽东后西征，女真人金朝叛将蒲鲜万奴又叛蒙，趁机占领辽东，建“东真国”，后改称“东夏国”。当时旅顺口、龙王塘一带也成为“东夏国”治下。1233年，蒙古军回师辽东，灭“东夏国”。1234年，金朝灭亡。连年战乱，使辽南变成荒芜之地。

1633年3月16日，明军叛将耿仲明、毛承禄、孔有德夜袭旅顺口，结老营于龙王塘和双岛湾。7月，明军将领黄龙攻破叛军龙王塘老营后，率部在黄金山与后金兵血战，不幸兵败，兵士大多阵亡，黄龙与部将多人自刎殉难。1637年，旅顺口全境被后金兵占领，金军屠戮旅顺城，旅顺城及沿海村屯居民大多被杀或逃亡。此时，大连地区历经20余年战乱，人口大批流失，除数百人滞留海岛外，居民多由海路逃往山东等地，致使大连地区“荒城废堡，败瓦残垣，沃野千里，有土无人”，几乎成为无人区。

也因为如此，《龙王塘街道志》的人口记述是自清朝顺治年间开始的。1681年，清廷颁令在大连南部地区实施编民入旗政策，旅顺地区之汉民分别编入正黄旗、镶黄旗、正白旗，龙王塘地区为汉军正黄旗。到了康熙后期，龙王塘一带的移民渐多。乡民因居住地邻海湾、水塘之故，确立大龙王塘、小龙王塘两个村名。湾、塘之东为小龙王塘村，之西为大龙王塘村。

龙王塘老照片(选自《龙王塘街道志》)

在经过了较为安定的200多年后，更为惨烈的战火烧到了龙王塘，在中国近代史上留下了惨痛的一页。

1894年，中日甲午战争爆发。11月20日，日军左翼十四联队从塔河湾方向进攻东鸡冠山清军要塞。21日，日军攻占旅顺口，开始了惨绝人寰的大屠杀。22日，日军进入龙王塘域内屠杀百姓。连续数日的旅顺大屠杀，近2万名中国百姓惨遭屠戮。

1904年，日俄战争爆发。6月14日，俄军旅顺要塞司令官斯特赛尔命令俄军在龙王塘至黄泥川一带山头构筑阵地。7月30日，日军乃木希典部两个旅团3000多人，在塔河湾海面军舰炮火配合下，向小孤山、大孤山、山川柳的俄军阵地猛烈攻击，大批民房毁于炮火。不久，日军攻下横山和龙王塘至双台沟一线。8月10日，俄军旅顺要塞东线防卫阵地全部被日军占领。从佛门寺山、老座山、老横山、山川柳直至塔河湾畔大、小孤山，被炮火轰击得千疮百孔，战场周边庄户农田大部被毁，整个龙王塘地区几乎成了一片焦土。

今天，走在郁郁葱葱的旅顺南路，细数黄泥川、小龙塘、大龙塘、鲍鱼肚、山川柳等一个个现代化的山村，无论如何也难以想象这片美丽的土地竟然经历了如此惨痛的战火劫难，留下了如此沧桑的历史记录。

▼“占山户”们的艰辛故事

虽然从战国始建，但至明末时，历经战乱的龙王塘域内土著居民已无据可考。现居民的祖先，大多于清代由山东渡海而来，较早迁入的有陈姓、林姓、孙姓等。其中黄泥川陈氏先祖为明朝官宦之家。1402年，礼部尚书陈迪因反对朱棣篡位，遭诛九族，与六子七孙一同被杀，只存第七子陈珠（时为五个月大的婴儿）被奶妈抱走，幸免于难。

自此之后，陈珠与后人家居蓬莱200余年，英才辈出，渐成望族。1631年，孔有德叛明，兵犯登州府城蓬莱，陈氏一族逃难避祸。陈梦柏之长子陈炤（一说陈钊）率三房150余口渡海北上，经两天两夜漂泊，驶抵辽南老铁山下，在陈家村搭屋垦殖，开始了新的生活。

然而，1633年，孔有德随后金兵攻占旅顺，疯狂屠戮百姓。刚刚安居两年的陈氏族人，又过上了避难的生活。全家藏于山南临海的一个山洞里，后人称之为“陈人洞”。

1636年，皇太极称帝建清。陈家村渐有人烟，陈氏一家也出洞居住。两年多洞中生活，历尽磨难的陈家饥寒交迫、病疫不断，有103人惨死洞中（一说105人）。他们在村北山脚下选了一个墓地，埋葬亲人的骸骨。这就是“陈家茔墓地”的由来。

随后几年中，陈家村移民分别到复州、熊岳、海城等地寻找谋生之所，甚至丰润、北京也留有陈家人的足迹。

在陈氏一族北迁的三房九支中，黄泥川陈氏之祖陈义升，率一支先在牧城驿落脚，种地为生，后又迁居金州城，并入旗。1662年，陈义升病逝于金州。陈家生计更难维持，长子陈有贵又举家返回牧城驿。陈有贵40多岁病故，其弟陈有富率全家翻过牧城驿南面群山，迁至黄泥川定居。

据现有的陈氏祖谱记载：那时的黄泥川“土膏人稀，禽兽繁殖，树木丛集。采于山，美可茹，钓于水，鲜可食”。移民们“白手起家，艰辛开拓，旷土尽辟，桑梓满野，耕织岁滋”。字里行间充满了对这块土地的赞颂。至今，陈氏一族迁居黄泥川已300余年。

▼地名后的美丽传说

沿旅顺南路一路驱车前行，穿过隧

道就是龙王塘。一路上，黄泥川、小龙塘、大龙塘、鲍鱼肚、山川柳……几乎每一个地名都在喻示着这里的一切与海，尤其是与龙息息相关。

传说很久以前，龙王塘一带突遇大旱，田地龟裂，庄稼枯萎，人畜干渴，百姓结队上山祈祷龙王降雨。龙王大怒，责问是谁的辖区。受父训斥的三太子怨恨百姓，授意虾兵蟹将兴风作浪，连降暴雨十八昼夜，又兴三天大潮，意图淹没此地。百姓危难之际，幸遇二太子与南海龙王女儿完婚归来，夫妻二人见三弟作难黎民，相劝无果，只好作法阻止。一时间天空电闪雷鸣，只见一道电光直劈下来，深山沟间一堵石山拔地而起（即龙王塘水库大坝所在地），挡住了汹涌潮水，百姓得救了。得报后的龙王怒抛神索，缚三太子交由二太子夫妻管制，并将该地界交给二太子夫妻监管。二太子夫妻隐入水中安顿下来，并令海参姑娘和鲍鱼大将长年镇守。此后，这一带年年风调雨顺，百姓安居乐业，“龙王塘”之名不胫而走。这段见于2005年《大连日报》的一段文字，算得上是龙王塘最为唯美的一段传说了。

如今龙王塘街道所辖的39个村、屯、分场中，以姓氏取名的有17个，其余以地形、山、河、海、传说、动植物取名。如大龙王塘屯是源自传说村边海湾曾有龙王戏水而得名，鲍鱼肚屯以村前湾口形似鲍鱼肚而得名，大龙沟屯之名则是源自民间传说此地有龙卧居。

据了解，韩姓、郭姓人家于康熙年间在郭家沟定居，孔姓于嘉庆年间在大龙王塘定居，这些都是当时有名的“占山户”。这些家族来此定居后，许多村子便以他们的姓氏命名，如林沟、林家沟、大陈家、小陈家、苏家、孙家、李塘沟、郭家沟等，并沿用至今。有些家族聚居在一个或几个村屯，形成大家族。比如林姓聚居在林沟、官房子、镇泉寺，韩姓聚居在山川柳和郭家村，陈姓聚居在小陈家，苏姓聚居在苏家，孔姓聚居在大龙王塘等。

和大多数古镇一样，龙王塘域内各村屯的地名也有着历史的变迁。据《龙王塘地名调查资料》，大龙王塘清初叫龙凤塘，后人改称大龙王塘；塔河湾前清时期叫大湾头，1905 年日占后改为玉乃浦。此外，双顶山于 1710 年命名，大石洞于 1751 年命名，李塘沟于 1756 年命名。

而龙王塘之名，也是历经变化。1905 年，日军侵占旅顺后，设旅顺民政署，下设 5 个会所，龙王塘地区为王家店会。1945 年 11 月，旅顺市政府成立，设旅顺市龙塘区。1985 年，龙塘乡撤乡建镇；2000 年，成立旅顺口区龙王塘街道办事处；2008 年 9 月 9 日，龙王塘街道划归大连高新技术产业园区代管（郭家沟村、盐厂新村除外），辖黄泥川、龙王塘、鲍鱼肚三个村和英歌石工作站。

▼浮光掠影的“水上人间”

很多人，尤其是外地人知晓龙王塘，是因为它早已蜚声中外的樱花园。

龙王塘水库樱花园，原名龙王塘水库公园，于1926年建成，当时栽植红、黄、白、蓝、绿、黑等颜色的日本樱花5000余株。虽然后来所剩不多，但仍有着“中国樱花第一园”的美誉。20世纪50年代，周恩来、朱德、宋庆龄、郭沫若、萧劲光、徐海东等领导人都曾来到这里赏樱。

如果说樱花园是龙王塘的知名品牌，那么，在大连人心中，龙王塘还曾经有一个地标性的建筑“水上人间”。“水上人间”是“大连水上人间国际假日酒店”的简称，位于龙王塘大桥之北，当年总投资7亿元人民币，按五星级标准兴建，2003年9月29日投入使用。那时候，私家车在大连还不普及，很多人家都以周末时打车带着孩子去“水上人间”戏水为一件乐事。它门前偌大的停车场也总是满满当当地停着各种车辆，包括旅游大巴。

美丽的樱花

在“水上人间”的大堂里，超大型汉白玉镂刻壁画《清明上河图》富丽壮观，这幅长60.8米、宽4.78米的壁画因气势宏大、工艺精湛，被上海吉尼斯总部评为“大世界之最”。当年，著名演员赵本山、田连元、杨振华、王平、黄晓娟都来这里演出过。

2007年10月中旬，“水上人间”突然停业。后来，有记者反复采访得到了答案：“水上人间”经营火爆是表象，入不敷出才是真实情况。这个项目投资巨大，运营后收不抵支，在这样的情况下投资方作出了卖掉乐园的决定。

其实在龙王塘，若论历史久远，当属横山寺。

横山寺位于龙王塘街道大石洞村横山西南麓腹地，背靠横山主峰，南濒黄海，有6公里山路与旅顺南路相连。

据史料记载，“古横山寺，汉时有之”，它的建立晚于中国佛教第一寺洛阳白马寺，但早于东北其他古寺。寺内有一眼井，水质甘洌，经久不枯，相传饮之能消灾祛病，被称为“神井”。由于战乱之故，古横山寺几度兴废。至20世纪初叶，旅顺域内之寺庙有八处，但以横山寺最负盛名。20世纪初，大石洞村人张文平贫病交加，因饮此泉水，病去人康，“神井”治病的消息不胫而走。于是，张文平四处游说募捐，于1914年5月复建横山寺。后来横山寺几经磨难，庙宇坍塌，旧址上只留有砖头瓦砾，然每年农历四月十八日，总有附近的千百香客四处聚来，参加庙会。

2000年，大连卓越集团捐资复建横山寺。如今，寺庙每年元旦、春节举办祈福供灯撞钟法会，四月初八（浴佛节）、六月十九、七月十五、九月十九、十一月十七、十二月初八等，也都会举办大型佛事活动。

上世纪50年代，龙王塘曾经以一个浴场而扬名中外，这就是塔河湾浴场。

龙王塘全域海岸线长31.4公里，自东向西依次有佛门寺、南海头、姑子洞、大龙塘、鲍鱼肚、塔河湾、盐厂、龙王庙8个海水浴场，其中最有名的是塔河湾浴场。

塔河湾浴场的开发史可追溯到20世纪初。在俄、日占领时期，这里就被殖民当局开发为游览地，建成海水浴场。日占时期，把这里取名为“玉乃浦”，且列为“旅大八景”之一，那块绿色花岗岩石碑至今保存在旅顺日俄监狱内。上世纪五六十年代，许多来旅顺参观游览的外国政要均曾驻足此地，如苏共总书记赫鲁晓夫，柬埔寨国王西哈努克、首相宾努，阿尔巴尼亚国防部长巴卢库等。其中有人还如此评论:“美国有个夏威夷，中国有个塔河湾。”而今，夏季的塔河湾依旧人声鼎沸，尤其是来自附近大学城的青春学子们，为这里平添了一道亮丽的风景。

▼“农民合唱团”轰动北京

龙王塘的老一辈人大都熟悉当地的民间艺人张本仁（人称张瞎子）。张本仁生于1910年，自幼从师李心福（旅顺口长城镇板石沟人，关东大鼓创始人），苦学大鼓、琴书等，技艺精湛。其坠琴拉得尤为娴熟，不仅音色浑厚、柔美，还能模仿人的哭笑、马的嘶鸣等声音，惟妙惟肖；其三弦弹得极为豪放，弦音清脆、委婉、激昂，如诉如泣，声声入耳。而张本仁自拉（弹）自唱的关东大鼓、西河大鼓、山东琴书等韵律感人、表现力强，听者如入戏中。

上世纪50年代初，张本仁进入旅大市盲人曲艺团唱大鼓，后任该团团长。1953年，张本仁住到农户家中，了解到房东儿媳数年如一日精心服侍瘫痪在炕的公爹，温良孝顺，便根据这一事迹自编曲词，用关东大鼓演唱，听者无不感动。50年代末，张本仁率团进京演出，周总理亲切接见了他，还派人找苏联专家为他诊查眼睛。60年代，旅大市人民广播电台经常播放张本仁的唱段，并灌制了唱片。

张本仁虽未带过徒弟，但有人登门求教时，他都毫无保留地将“活儿”传授于人。1995年，85岁的张本仁因病去世。

时光荏苒，龙王塘人喜欢曲艺、热爱音乐的传统得到继承和发扬。2000年，镇里请全国著名词作家邬大为作词，全国著名作曲家铁源作曲，完成镇歌《龙王塘之歌》的创作，这也使得龙王塘成为全国少有的有自己镇歌的乡镇。

不仅如此，龙王塘人还有一个值得骄傲的“农民合唱团”。1991年，龙王塘镇农民合唱团成立，经过长期正规系统训练，合唱团不仅能演唱难度很大、气势恢弘的歌曲，还能演唱技巧专业、精致细腻的外国名曲和无伴奏合唱歌曲。当年，在第三届北京合唱节大奖赛中，龙王塘镇农民合唱团演唱了《大海颂》《家乡变了》《渔家屋檐下》等充满地方特色的歌曲，以声之亮、音之准、韵律之和谐，一举夺得一等奖，农民合唱团在北京引起轰动。

此后，农民合唱团的演出活动持久不衰，多次参加国家、省、市、区的合唱大赛，均获殊荣。

作为一个古镇，龙王塘丰富的自然、人文历史资源是很多老镇所无法比拟的，无怪乎世居官房村的村民李华俭自豪地说："龙王塘人和一般镇里、村里的人不一样，那是见多识广，相当于半个城里人呢！"

穿过历史的风云，走过岁月的变迁，如今的龙王塘，已是一个现代感十足的地方。走进龙王塘，一路上看到鳞次栉比的高楼大厦，红檐白墙的别墅区，与城市别无二样。而在街道的最新规划中，这里将建成与国际接轨的休闲度假区，结合渔港码头、樱花园的特色旅游，软件园的绿色生态旅游、高端服务业等，与盐厂新村的旅顺大学园区遥相呼应，使龙王塘成为人才集中、信息畅通、科研活跃的发达之地。

▼龙王塘往事：那曾经富饶的海

龙王塘沿海（黄海）与渤海邻近，是鱼类进出渤海的洄游通道，渔业资源非常丰富。在清代，渔民们就以提钓和延绳钓为主，渔获小黄鱼、黑鱼、刀鱼、鲅鱼等。丰富的渔业资源造就了这里世世代代靠海而居的渔民，也衍生出了极富地方特色的渔民风俗。

在一个炎炎夏日的午后，笔者随同龙王塘街道宣传人员宫羽来到了世居大龙王塘村八代之久的渔民王兆清家，他也是省级非物质文化遗产"海灯节"的传承人。因为正值休渔期，村外的渔港静悄悄的，鲜见人影。73 岁的王兆清正和 68 岁的王仞发等几个老伙伴悠闲地打扑克。说起自己的捕鱼生涯，老人格外怀念上世纪 80 年代自己承包船只打鱼的黄金时期。"那时，两条船出海，晴天很随便就能网到十万八万斤的。有一种黄鲂（音）鱼，每片鱼鳞下都包着一滴油，那会儿渔民家家户户过年都得弄条上供呢。"据《龙王塘街道志》记载，1986 年冬季，两对 185 马力钢壳船两个航次捕鱼 120 多吨，产值 25 万元。

68岁的李华俭居住在龙王塘的官房村，他对于龙王塘的记忆，充满着幸福。"（上世纪）六七十年代，龙王塘的海边那是应有尽有，我们在海边光着脚走到齐腰深的水里时就可以用脚摸到飞蟹呢。就是你在水里慢慢走，脚踩着海泥，一旦觉得硌脚了，赶紧弯腰去抓，一抓一个准，一下午摸个六七斤飞蟹没啥问题。再往里走，还有鲍鱼、海参，不过那时鲍鱼不值钱。我有个发

休渔期的海港

小，就喜欢捞鲍鱼，但他自己不吃，送给我们吃，不过有个条件，鲍鱼壳要留给他，因为可以卖钱，那可是名贵的中药材。”李华俭还记得，那时渔民经常拿自己捞的海物去和村民换蔬菜，价格差不多就行。

不过，相对于往昔生活，李华俭更强调现在的幸福感，前一段时间他还去大连电台讲述了改革开放以后龙王塘村名的由来和渔民生活的巨大变化。“说来说去，还是改革开放后龙王塘人的生活真正变好了。我年轻的时候，除了干些农活，还靠给别人盖房子挣点钱，那时候，龙王塘这边家家户户的房子基本都是麦秸秆垒墙，加上海草盖在房顶，虽说麦秸秆冬暖夏凉，但是怕风，尤其是春天一场大风，房顶盖就没了，还得重盖。”

笔者采访李华俭，是在旅顺南路边的一个农家饭庄。李华俭开着自己私家的小轿车，指着几米之外的旅顺南路说：“你看现在这条路，以前不是这样的。我小时候，这条路除了两排柏油路车道，两边还各有一排泥土道，是专供牛马大车走的，那时，牛马大车走一路，灰尘扬一路。”

旅顺南路曾号称“东北地区第一条柏油路”。1924 年 10 月起，日本殖民当局为加强其军事中心旅顺与经济中心大连之间的联系，强化殖民统治的力度，历时 3 年，耗资 135 万日元，建成 46.08 公里（旅顺白银山至大连青泥洼桥）的旅大南路。此路龙王塘域内路段由东至西途经蔡大岭、黄泥川、小龙塘、大龙塘、官房子、山川柳、郭家沟、盐厂、龙王庙直至白银山洞，全长 21.7 公里。

如今，随着龙王塘地区现代化进程的加速，大部分渔民都转行从事别的行业了，整个街道还剩有 3000 多户渔民，渔业从业人员大概有 6000 多人。大龙王塘村夹在林立的高楼大厦之间，那一排排上世纪八九十年代修建的二层小楼，喻示着当时第一代富起来的渔民们的幸福故事，而今，它们寂寞地伫立在炙热的阳光下，窄窄的巷子里间或走过一个人、一条小狗，只有墙角散落的渔具、渔网和二楼阳台上堆放的轮胎，无言地申明这是渔家所在。

渔民越来越少，但千百年来的很多传统却仍然保留下来，这也是日益现代化的龙王塘最值得称道的地方。现代与传统毫无造作地在这里自然融合，就如很多已经城市化的龙王塘人依然会痴迷于老辈传下来的海灯节、渔人节等乡土气息十足的民俗节日。

放海灯是龙王塘不亚于过春节的大事。每年正月十三这天，渔家人邀请亲朋好友一起隆重过节，到海边放海灯向大海祈福，为渔家人求平安，期望日子越过越好。

相传“放海灯”源于元朝，清朝时在民间流传。大龙王塘村是龙王塘地区放海灯的发源地。传说，有一对父子出海打鱼，遇到大风大浪，没能回来。渔夫妻子焦急万分，祈盼丈夫和儿子归来，每天傍晚到海边送盏灯，希望自己的亲人能够看见这盏灯，平安回家。几十年过去了，渔夫的妻子因常年想念丈夫和儿子，思虑成疾故去。乡亲们深为她的一片痴心所感动，就在那年正月十三举行了隆重的海葬，家家户户都为渔夫的妻子到海边放灯。后来在龙王塘、佛门寺等地修建了娘娘庙，那位渔夫的妻子就成了海神娘娘，保佑着渔民们平安和丰收。庙里点燃一盏明灯，每年正月十三到海边送灯，为出海打鱼的人们照亮平安回家的路……

1991 年正月十三（2 月 27 日），旅顺口区首次大型地方民俗活动“海灯节”在大龙王塘村隆重举行。从此，每年正月十三，龙王塘地区沿海各村都将送海灯活动作为旅游节日庆祝，这其中尤以大龙王塘村为盛。现在，龙王塘放海灯的习俗已经被列为省级非物质文化遗产，成为大连地区重要的旅游节日。王兆清、王仞发两位老人乐呵呵地告诉笔者：现在，只要家里有船的，那是一定要放海灯的，海灯大小不限。请木匠做的海灯架子，拿回家来，仔细地糊上绸子，一盏灯的造价少说也要五六百元。王兆清每年都会应邀去街道的中心小学教孩子们制作海灯，他很乐意做这件事情，因为他希望龙王塘的孩子们将来把放海灯一代代地传承下去。

在龙王塘，能与海灯节相提并论的还有渔人节。

相传很久以前，旅顺有个小渔村，住着20来户人家，有个叫海楞爷的渔民，他和儿子海顺每天驾船到远海捕鱼。六月十三这天，爷俩照常出海捕鱼。忙了一天，见天色已晚，正待收网返航，突然狂风骤起，巨浪滔天。只见一条凶猛硕大的铿鱼精（鲨鱼）迎面袭来，尾巴狠狠地一甩，顷刻间将渔船拍成两半，父子俩跌落到波涛汹涌的海里。铿鱼精张开血盆大口正要吞掉父子俩，大海中猛然跃出一条金光闪闪的巨龙，杀死了铿鱼精，将父子俩平安送上岸。

这天，传说是海龙王生日。从那时候起，每年农历六月十三，旅顺沿海渔民都要封海停船，杀猪宰羊，举行祭祀仪式，声势和规模较大的应数北海村、龙王塘村一带。

这天一大早，渔村男女老少成群结队来到海边，摆上供品，敬香烧纸，祭奠海上遇难亲属，同时也祈求平安。海边鞭炮齐鸣，锣鼓喧天，人们在这里进行各种文艺表演、展览和比赛活动，热闹非凡。所有船只整齐地停泊在海湾中，桅杆上彩旗迎风招展。傍晚时分，渔民们有的在家庭院落中，有的在海边沙滩上，摆起丰盛酒宴，共享大海恩赐，同庆一年渔业的丰收。

郭家沟村塔河湾大桥 1924 年 9 月竣工，20 世纪 80 年代成为危桥。1999 年旅顺南路拓宽工程中在其北 50 米处建起新桥，但旧桥仍然保留下来。

每年春天，龙王塘樱花缤纷

水师营

军营演变成的辽南重镇

王玲

乡间犹有演剧社，昼握锄锹夜做伶。

才下集市又赶会，老镇新郭酒旗风。

龙泉甘露舰队饮，工程壮举有遗名。

蟠龙山下帆影动，千里海疆水波平。

水师营大集（水师营街道提供）

▼老镇名片

水师营街道地处旅顺口新城区中心地带，面积42.18平方公里，有汉族、满族、蒙古族、朝鲜族、锡伯族五个民族。这里是旅顺口区委、区政府所在地，是全区的行政中心。

水师营是旅顺乃至辽南地区最早的商贸古镇，也是旅顺最早的商民集中生活之所。1995年，被辽宁省政府确定为小城镇建设与经济发展试点镇。2012年，水师营街道将新城区功能定位为旅顺绿色经济区之中心商务区。

沿着旅顺北路向水师营进发，一路风景如画。司机师傅兴致很高，一路向我介绍沿途的好去处——金龙寺国家森林公园是徒步健身的大氧吧，三涧堡大市场有渤海湾最鲜美的黑皮虾爬子，某某饭店农家菜渔家饭做得最好吃……令我这个城市新移民极为向往，不禁对此去目的地水师营也充满了好奇。

车行一个小时，右拐进入水师营西路（龙腾路），水师营中心的繁华景象便映入眼帘。街道人流如织，各类店铺林立，不见匆匆步履，只有悠闲踱步，洋溢着怡然自得的小镇风情，不由得吸引人要走进这里探古寻史。

▼水师营：兵营演变成的辽南重镇

水师营，这个名字充满了戎马之气，也确实跟军队有关联。

根据《水师营街道志》载，清康熙五十二年（1713年），辽东沿海海盗出没，劫掳烧杀，为非作歹，严重影响整个辽东半岛的海运贸易及沿海人民生计。唐保柱将军奏请朝廷在旅顺建一支水师以抗击海盗。

康熙五十四年（1715年），清廷在此地建成旅顺水师兵营，水师营由此而得名。当时，整个兵营建营房1200间，驻官兵500人，家属及随军人员共计1200人。其时兵营盛况，今日没有影像留存，但是依据营房规模，可以想见应是极为壮观的。

《水师营街道志》如此描述当时的盛况：“上有天堂，下有苏杭，除了北京，就数营房（水师营），这是水师营自古以来就有的美誉。坐落在蟠龙山麓的清水师兵营龙河码头，是水师官兵泊船之所和巡哨起始点，码头距入海口8华里，当年河道宽且深，海水可上溯到这里。执行巡哨任务的官兵均由河道入海或返港。可谓战船巍巍，龙旗飘舞，定期出海巡查，对保卫辽东海疆发挥了重要作用。”

水师营战时打仗，平时训练和农耕。朝廷在此设立了协领公署，兼管汉民事务。由于社会长期稳定，久无战事，营房周边人口快速增长，营区逐渐扩大，居民点逐渐扩充，形成以十字大街为核心，包括东南街、东北街、西南街、西北街在内的水师营街区雏形。

至清代中叶，由于社会比较稳定，多年无战乱侵扰，水师巡防松弛，水师营开始衰落，战船年久失修，官兵怠于训练，毫无战斗力。光绪六年（1880年）清廷裁撤旅顺水师营，在旅顺口筹建北洋水师，水师营由军营逐步演变成集镇村落，并随着时代的变迁不断发展，而“水师营”之名一直沿用至今。

水师营水师码头的遗址在龙河上游的高家村村头。作家素素在《旅顺口往事》一书中提到，在高家村村头，靠近河岸的地方，有一座没有时间落款的石碑。碑阳写着：清代水师营码头遗址。碑阴有一段说明文字：公元1715年至1880年，清代水师营码头设在蟠龙山麓高家屯，停泊战船10艘。每年水师官兵从这里扬帆起航，沿9公里龙河出海巡哨，南到山东城隍岛，西至辽西菊花岛，往返共165个春秋。因为有水师码头碑，高家村也成了旅游景点。

晚清时的水师营小学堂

▼大集：蟠龙山庙会

在旅顺，水师营大集非常有名。水师营街道原广播站站长张仁宝告诉我，光绪六年清廷撤销旅顺水师营，此后，水师营由军营变为集镇村落，并以原有的关帝庙为坐标，兴办店铺，形成了庞大的集镇格局。至清末，水师营成为辽南地区最繁华的商业古镇。

从 1894 年甲午战争到 1945 年日本投降的半个世纪，水师营的商业集市一直为旅顺口最大，其中上世纪 30 年代是鼎盛时期。那时的商贸集市，按货物种类分别有粮谷、家畜、鱼柴、食品、杂货以及各种土特产品。除了日常的集市商贸外，一年中最热闹的集市当属农历四月十八的蟠龙山庙会和接近年关的“腊月集”。

闻名辽南地区的蟠龙山庙会至今已有 200 多年历史。庙会依傍蟠龙山娘娘庙而兴起，每次历时五天，香客、商贩云集，从蟠龙山一直排到西南大街。蟠龙山庙会之所以引人关注，除了规模宏大盛况空前之外，还有庙会上连续五天的大戏，让其时精神生活极为贫乏的百姓流连忘返。

庙会期间，正是播种后的农事间隙，从镇街到蟠龙山，山上山下连成一片，人山人海。饭馆酒肆、杂耍卖艺、搭棚设场，全都买卖兴隆，熙熙攘攘。可以说水师营家家户户那时候都住着外来的客人，有人专门投亲靠友来赶庙会看大戏，有人大老远跑过来做买卖。五天之后庙会结束，人们心满意足，轰然散去。

关于蟠龙山庙会，还有一个奇妙的现象，老人们都是这样讲给孩子听的：五天庙会过去，周边刚出土不久的庄稼小苗都被踩得茎折叶断，乱七八糟，但一场“刷山雨”过后，踩烂的禾苗又奇迹般茁壮地站了起来。多年如此，庙会过后晚种的庄稼，秋后必获丰收。此番奇妙现象，更增加了人们对蟠龙山庙会的神秘感。

据《水师营街道志》记载，庙会几经改名，地址几度变更，2004年开始又恢复了传统名称。2006年大连旅顺正觉寺（蟠龙寺）落成，2009年庙会迁至蟠龙寺所在地沈东路，由火石岭村举办。现如今，每年一度的庙会依旧如往昔一般热闹，且多出了很多现代化的东西，辅以传统的吃食和老把式，吸引着八方来客。

▼龙引泉：中国最早的城市自来水工程

说完蟠龙山，当然就不得不说龙眼泉（现名为龙引泉）。此泉位于风景秀丽的水师营街

龙引泉碑

道三八里村，已形成了龙引泉森林公园。这眼甘泉系自然形成，早在明朝万历年间就已为人们所用。

而关于蟠龙山和龙眼泉，还有一段动人的传说：很久以前，在一个小山村里住着上百户人家。有一年大旱，四季无天水降落。农历四月十八，百姓借着赶庙会之机上山求雨，感动东海龙王三太子，他不顾龙王反对，私自降雨，因违抗玉帝旨意而被杖责贬下凡间。这条受伤的青龙盘在小山难以离去，从此人们便把这座小山叫作蟠龙山。村民为其疗伤不得，一个华山道士引领百姓燃起一堆山一样高的柴草，让青龙借助烟云重返天庭。而青龙为报百姓之恩，遗下一只龙眼，化作一泓泉水，滋养一方水土，被百姓称为“龙眼泉”。

说大连这一眼“龙眼泉”名闻全国，还真不是吹牛。据《水师营街道志》记载：李鸿章为打造北洋水师，计划于旅顺口砌筑炮台、船坞等现代海防设施。旅顺靠海，海水资源丰富但是淡水稀缺，那么欲修工事驻军，必先获得能为军事基地供给的淡水水源。李鸿章派人寻遍旅顺各地，在旅顺口北十里终于寻到一眼清泉，观之清澈如醇，尝之如饮甘露，李鸿章大喜，询问百姓，得知此泉名为“龙眼泉”。光绪五年（1879年）清廷着手开发后，在龙眼泉水源地修建池塘，砌筑砖制暗渠，铺设铸铁管道，穴山穿陇，迤逦延伸至旅顺军港、码头。继而，在港内修筑淡水库、储水库，铺设自来水管线，增设取水设施等，形成了一个完整的、大规模的现代给水工程系统。这湾泉水不仅成为北洋水师基地旅顺军港的水源地，也开启了大连城市开发的序幕，它是中国第一个城市自来水工程——大连正是从这眼泉水的开发，才真正开始近现代城市建设。

日本占领旅大后，企图长期对旅大地区实行统治，在旅顺大力开发水源，在龙引泉的基础上继续扩建水道设施，增加供水，使旅顺形成了一个比较完善的城市供水体系。不过令人感到遗憾的是，随着多年的取用以及现代化新供水管线的铺设，龙引泉水系也逐渐失去了作用。因周边地表植被破坏、机井开采地下水过多、用水企业过密等原因，龙引泉日渐干涸。从1879年开发建设到1979年停用，龙引泉引水工程整整经历百年历史。

2012年，干涸了30余年的龙引泉重新出水。图为旅顺日俄监狱旧址博物馆研究员孙桂翠来到龙引泉旁观察出水情况

2012年4月，《龙引泉》一书作者、旅顺日俄监狱旧址博物馆研究员孙桂翠在一次考察中，惊喜地发现龙引泉重现泉涌景象。孙桂翠自从2009年8月开始就对龙引泉进行跟踪考察，多达数十次。据她介绍说，新中国成立后，龙引泉仍在为城市供水，直到1979年水源枯竭停用。孙桂翠对龙引泉池、暗渠、检井进行过多次测量，得到翔实的数据。这组数据不但丰富了原有的史料记载，还可以让我们从中管窥工程的缜密程度。

▼糖鼓火烧：大连的非物质文化遗产

漫步旅顺街头，张仁宝随口念出一句顺口溜："水师营的大糖火烧老干炸（黄酒），金州的驴肉包子炸麻花。"他说，以前凡是到旅顺出差、办事的，都要到"老刘家火烧铺"买些糖鼓火烧带回去让亲友品尝。旅顺人家里有客，主人也会在第一时间端上一盘火烧表示敬意。走亲访友时带几个火烧去，可展扬啦。这不禁勾起了我的好奇心，一定要见识一下这大名鼎鼎的水师营糖鼓火烧。可惜当日时间有限，未能如愿。回到大连市内数天，依然难以忘记那糖鼓火烧的名头，最后磨得家人一起，驾车再次赶往水师营。

水师营火烧远近闻名

停好车，本以为在街道上随便就能找见大名鼎鼎的糖鼓火烧店铺，却走了几圈也没找到。最后无奈向一群闲聊的摩的司机打听，一位司机随手一指："路对面有一家。"我大喜过望，急忙赶过去。这家店店面很小，难怪几次没有找见。不过那招牌上"百年老店，五代传人，永发祥——刘家糖鼓火烧"几个字还是非常醒目的，上面一些介绍，简述了火烧店历经的一个多世纪的沧桑岁月。

据《水师营街道志》记载，刘德谦（生于1864年）少年时随父亲来水师营经商及种田。种田利薄，刘家便琢磨起做火烧的生意。当时市面上出售的糖火烧是用铁锅烙制的，叫锅饼，口感一般。善于琢磨的刘德谦改进工艺，改铁锅烙制为炉火烘烤，经多次试验，终于制作出面皮薄、香脆甜的大糖鼓火烧。与兄弟分家后，刘德谦在水师营西街开设火烧铺，至今已有100多年历史，手艺已传到第五代刘文军手中。现在，糖鼓火烧已成为大连市的非物质文化遗产，刘文军还申请注册了大糖鼓火烧的商标。

一间小屋，三个人作业，一人擀饼，一人用一个前端铁圈样的工具将饼放入炭火炉中烘烤，少顷就见饼鼓起来，遇到有漏气的，还需要拿一小块面补一下。几分钟的时间，一个火烧就烤好了，被放到一个大簸箕里，另一个人装袋摆放到屋外售卖。据介绍，糖鼓火烧可存放数日不硬。我买了几个火烧，几个人一人一个分吃，只见这火烧大如盘子，状如圆鼓，外皮焦黄撒满了芝麻，咬一口，又酥又脆又香甜，这里面看来是夹着一层薄薄的糖。询问得知，火烧之所以能鼓起来，正是因为这中间夹糖的缘故，上下两层在烙制的过程中分离，形成空心。

火烧都是现做现卖，三块钱一个，我们站在店外观察的当儿，接连几筐火烧都很快卖光。这时一家三口驾车停下，一口气就要了 12 个火烧打包。他们是专程从大连开车上水师营买火烧的，家里来客人了，非要尝尝传说中很有名的糖鼓火烧，主人只好开车来买了。“这来来回回油钱都得多少？不过就是为了好这一口嘛！”

吃完后，又买了几个糖鼓火烧和一摞普通烧饼，准备回家给亲朋品尝。驾车沿着水师营龙腾路又转了一圈，这个昔日曾辉煌万分的老镇，在落日的余晖中映射出温暖的金黄色光芒。街边的海鲜摊已经吆喝起来了，家庭主妇拎着大包小包的菜往家里赶，机动车的马达声多了起来，街上的人群也开始熙熙攘攘，人们下班回家，享受平凡而幸福的生活。

▼业余剧团：培养了许多艺术人才

张宝富老人出生于水师营，生活在水师营，见证着水师营的历史变迁。如今他已经到了颐养天年的年纪，不愿意住楼房，和老伴住在一片旧式民居之中。

张宝富年轻时曾经是水师营的风云人物。1968 年，他当上了水师营大队第八生产队队长，当时人多地少，吃饭成了大问题，为了乡亲们的生计，张宝富真是想破了脑袋，一个带领村民搞副业的想法萌生了。那时候搞副业是不允许的，可张宝富铁了心，带领村民们办起了翻砂厂、废品厂、玻璃厂，还成立副业队搞多种经营、输出劳务，雇两个大工匠，让他们带着队里的人出去揽活。当时，他所在的生产队每人每天能挣一块钱，在当时绝对是高收入。

谈及对水师营老街的记忆，张宝富说兵营建立后，沿水师营营盘形成一个“十字”大街，有粮市、草市、牲畜市、菜市、杂货市等，周边农民纷纷前来赶集。那时候，他家就住在“十字”大街的尽头。照相馆、杂货铺、药铺、食品铺、绸缎庄、饭馆、包子铺、木匠铺、铁匠铺、瓷器铺、豆腐坊……做买卖的全是街上的左邻右里。

上世纪三四十年代，“十字”大街是水师营最繁华的街道，商铺众多。对孩子们来说，这里有好吃的、好玩的；对大人来说，上一趟“十字”大街，所有需要的东西都可以置办齐备，十分方便。如今的“十字”大街（水师营街）上也是店铺林立，更有城市的气息。

1947年，水师营农业生产合作社成立了第一个业余剧团，最多时演员有90多人，分成话剧、评剧、歌舞、曲艺四个队。业余剧团的演员们个个情绪高涨，精神饱满，他们常常排练到深夜，第二天照常生产。冬天屋内很冷，团里组织人员到山上刨树根、捡树枝回来烧火取暖。秋收时，怕影响牲口干活，演员就自己拉着运载服装、道具、布景的大车，到各村演出。所到之处，村民追捧，一些小孩跟着剧团挨个村跑。一直到1960年赶上经济困难时期，剧团才因多种原因自行解散。

这个业余剧团虽然只办了十来年，但是却培养了许多艺术人才，在旅大话剧团、歌舞团以及辽宁省职工文工团、大连业余艺术学校等艺术团体中，很多人都曾是水师营业余剧团的演员。

水师营，真是一个人杰地灵的好地方。

水师营会见所老照片

资料链接

水师营会见所：屈辱历史的见证

1904年，在中国的土地上爆发了日俄争夺殖民地的战争，即日俄战争。战至1905年1月1日，旅顺俄军派军使到日军第三军军部送投降书。1月2日下午，双方决定就投降问题举行谈判，地点在水师营。在日俄战争中，水师营村遭到严重破坏，唯有西北街29号一处民居保持完好，原因是日军总攻旅顺口时，选此民居做第一师团的卫生队包扎所，而两军谈判的地址正是在这里。

1905年1月5日，日俄两军首领在水师营会见。原定会见时间为上午11时整，败军之将俄军司令斯特塞尔规规矩矩地于10时45分来到会场，而日军头目乃木希典以胜利者自居，有意冷落斯特塞尔，到11时30分才傲慢地出现。两人各怀不同的心情，寒暄一番后，共进午餐，然后坐在一条板凳上于枣树下合影留念。当日下午1时20分会见结束。临别时，斯特塞尔把自己的坐骑西伯利亚白马赠给乃木希典，借以讨好对方；乃木则把它作为当然的战利品收纳。

双方会见的房舍、院落以及院中拴白马的枣树，日军从其房主李其兰手中收买，作为宣扬“战绩”的永久纪念物。1918年7月，日本殖民统治当局在枣树下立碑，上题“水师营会见所”字样。乃木希典回国后，曾骑斯特塞尔赠予的白马接受明治天皇的检阅，借以邀功。1988年，旅顺日俄监狱旧址博物馆将“水师营会见所”之碑陈列展出。此碑质地为花岗岩，碑铭为汉文，共100个字，由关东都督秘书官白须直识题写。

水师营会见所的存在，以及曾作为日本耀武的石碑，都是中华民族屈辱历史的见证，也是侵略者丑恶嘴脸的最好见证。

（老照片选自《水师营街道志》）

独特的村中之城

谭可歆

绿菜声名远，民兵武艺高。
户户开店铺，家家卖火烧。
徐师频击阻，外寇数遁逃。
土里春秋剑，囊中战国刀。

土城子是旅顺北路上的重要节点

▼老镇名片

土城子村，因村内有明代土城墙遗址而得名。属于大连市旅顺口区三涧堡街道，位于旅顺北路的中南段，三涧堡街道南部，距离旅顺口城区 10 公里。202 国道、烟大火车轮渡铁路、土洋高速公路均通过土城子。

土城子面积 6.86 平方公里，常住人口 2500 余人，其中张、蒋、王、六、韩五大姓氏占了近一半。

土城子如今是现代化的绿色农业生产园区。

▼明代土城墙

如果要去土城子，一定要详细说明是去哪里的土城子。在大连，有很多人知道的土城子就有三个：旅顺土城子、大连湾土城子和金州土城子。其中，旅顺土城子是一个极具特色的村中之城。

土城子，一个看上去颇有些意味的名字，仔细了解它的前世今生，你会感到这个一直只是村的地方，其实早早就成了所在乡镇和街道的中心。村里有一条长达 500 多米的商业街，一边是崭新的楼房，一边是上世纪七八十年代甚至更早的老建筑，颇具特色。中间，宽阔的旅顺北路穿城而过，车辆川流不息，路两边商业高楼和宁静小院彼此默望，而矗立在村西口道边、上世纪 70 年代盖起来的村委会四层小楼丝毫不显落伍。

土城子的历史值得一说。早先，在村子西南发现的春秋战国墓中曾出土数柄青铜短剑。1955 年，在土城子的蒋家村又出土了大量的战国刀币和汉墓群。而土城子的得名则是因为它有一段明代的土城墙遗址。城墙用土夯筑而成，现残存东南角一段，呈 90 度拐角，长近 30 米，高近 3 米。那一段荒草萋萋的古城墙无法准确说明当年的土城子规模究竟如何，但据考证，当年的城墙南北长 256 米，东西宽 240 米，城墙南北中间各开一门，城内东北方位有烽火瞭望台一座，可见，当时的土城子已是一个要塞城池了，这也为近代史上的“土城子阻击战”留下了伏笔。

▼土城子阻击战

在土城子村西南，旅顺北路西侧一处较为平缓的土坡上，树立着一块石碑，即“土城子阻击战纪念碑”，这是纪念甲午战争 100 周年时所立。

1894 年，中日甲午战争爆发。同年 11 月 18 日，侵华日军进攻旅顺，驻守旅顺的清军爱国将领徐邦道率程允和、姜桂题所部 3000 人，在土城子阻击日本侵略军，日军支持不住，伤亡 46 人。清军乘胜追击，日军溃退到双台沟以北。土城子阻击战给日军以沉重的打击，打破了日军不可战胜的神话，激扬了中国军民的志气。

土城子阻击战纪念碑

徐邦道（1837-1895）是大连近代史上一个不能忽略的名字。他出生于四川涪陵县一个武道世家，历任副将、总兵、提督等职。1894年中日甲午战争期间，正定镇总兵徐邦道率军乘船到旅顺协守。10月24日，日军从庄河花园口登陆。鉴于金州是旅大的咽喉，徐邦道曾建议清军分兵增援金州，但无人响应，他只得率本部5个营的兵力在金州东部险隘石门子一带阻击日军，打退敌人数次进攻。金州失守后，他率部退守旅顺，在土城子又打了一场阻击战。

后来日军向旅顺发起攻击时，徐邦道指挥部下在东鸡冠山顽强抵抗。日军突入旅顺市区后，徐邦道又率部北上继续抗击日军。1895 年 7 月 5 日，徐邦道病殁于军中，终年 58 岁。

上世纪末，大连市人民政府确定土城子为大连市爱国主义教育基地。

▼村中之城商业发达

说起土城子村的历史，现任村党委书记张广有很是自豪。他说，从上世纪 30 年代直至本世纪初，土城子村一直就是所在镇或街道的中心。“以前，三涧堡人走到外地，一般都会自称是土城子人，那会儿，镇里的派出所、银行、医院甚至学校，都是以土城子命名，像土城子派出所、土城子医院啥的。”

作为一个村庄，土城子之所以如此特殊，还和它特殊的地理位置有关。

1931年，旅顺北路竣工，交通车通到土城子村，并设有站点。交通的便利，为土城子带来了商机，这里开始逐步发展成为区域性的商业集镇，一条商业街上聚集了饭馆、药铺、杂货铺、剃头棚（理发馆）、绸缎庄、铁匠炉、自行车铺、裁缝铺、钟表铺等数十家商铺，大连解放前，商业街上还有大烟馆。外地人来此，根本不会想到这原本只是个村庄。

说到土城子曾经的商业繁荣，张广有介绍，当年土城子的商铺很有特点，喜欢集中在一起，像铁匠炉一条街、裁缝一条街、火烧一条街等等。说到火烧，堪称"火烧世家"的高新军则有很多遗憾。"当年，土城子的同发祥火烧铺的脆糖火烧、盘洋火烧、杠头火烧在方圆几十里都相当有名呢！可惜，都没有传承下来，这也怪我。"1983年，高新军的父亲从村里的食堂退休了，想带着儿媳妇重操旧业，开个火烧铺。打高新军爷爷那辈起，高家就以做火烧为生，而且很有名。但高父的想法遭到了儿子高新军的反对。"那会儿，刚改革开放没几年，对好多政策也没太摸清，一来是不敢干，二来也觉得干个体面子上不好看。后来，老父亲去世了，他的火烧手艺也就失传了。如果当年我不反对，那现在土城子的火烧说啥也和水师营的火烧齐名了。"

大连解放后，土城子的商铺虽然日趋减少，但在政府主导下的土城子大集很快就成为了旅顺三大集市之一，开始以另一种形式继续着曾经的商业繁荣。较为发达的商业也培育了土城子人的商业头脑，如今，这个常住人口仅有2500多人的村庄却办有大小企业260多家，成为远近闻名的富裕村。

土城子的一个老砖厂

▼海上防线双七连

土城子故事多，其中就有上世纪 60 年代闻名全国的海上防线双七连，是土城子的骄傲。

1961 年，为适应战备需要，土城子村成立了四个民兵连。第二年，他们和海军某部高炮七连建立了军民联防，两个连队上同一堂课，同操一门炮，在相互学习和军事训练中，建立了深厚的情谊，比武和实弹表演也远近闻名，因而被誉为“海上防线双七连”，其事迹还登上了沈阳军区的《前哨》杂志。当时，土城子民兵的军事技能相当高，1965年9月在营城子举行的大连市民兵大比武实弹演习中，土城子高炮班准确命中目标，成绩优秀，受到在连参观的外交部长陈毅和54个国家大使、参赞、武官的接见，一时声名大振。随后，土城子测距班的民兵王应智在北海舰队举行的由部队和民兵共同参加的训练考核中，获得了测距组总分第一名。

张勤德于1968年至1972年在土城子当过民兵，虽然没赶上“双七连”最辉煌的时候，但对于“双七连”的故事是耳熟能详。他说，土城子的民兵之所以军事训练成绩好，是因为大家训练都很认真，每年训练时间最多达181天，受了轻伤根本不下训练场。当年女炮班的一个女民兵高桂花晚上七点接到上山搜捕任务时，正在地里绑秋白菜，听到紧急集合令后，自己的手表掉在菜地里都顾不上捡，迅速赶到集合地点。任务结束后，“双七连”的全体战士一起到菜地里帮她找到了手表。

除了“双七连”，土城子的文体活动相当活跃，除了有名的农民歌唱团、舞狮子队，值得一提的还有足球队。这支在周边地区有着很大影响的农民球队成立于上世纪 50 年代初，当时，他们经常同驻扎在附近的苏军官兵踢足球。1987 年，在全国第二届农民足球赛中，土城子代表辽宁队参赛，获得了第三名。

▼道法自然，300 多年的道观香火缭绕

在土城子，有一个自然村名为长春庵，很多人听了感到奇怪：小小的一个村庄为何取了一个道观名？原来，这个村子就因为一座古庙而得名。明朝初年，此地建起了一座八尺见方的尼姑草庵。300 多年后的 1701 年，山东文登人丛和林来到这里，看到这里依山傍海，不禁感叹：“似此藏风聚气，安可无圣宫乎！”于是，在草庵的基础上修建了圣母行宫泰山殿，又名长春庵。自此，土城子地区的道教文化也依托此处悄然兴起。长春庵主殿供奉的是碧霄娘娘，西殿供奉的是佛祖释迦牟尼和观世音菩萨、地藏王菩萨。

有意思的是，长春庵的道长先为清居道（即无家室），后来又改成了火居道，道长有家室有子女。平时，道长和道士们靠着庙产、外出念经、庙会香火和信徒们的捐赠维持生活。火居道以10人左右为一帮，初一、十五或有法事、

修建中的长春庵

庙会的日子，他们便穿上道袍，到庙里念经，张罗香客朝拜事宜。附近水师营每年农历四月十八的庙会，他们被封为上宾，穿上红色道袍，奏乐念经。而平时，他们除了干些庙里的杂事，便回家种地，又成了农民。

大连解放后，长春庵一度成了村子的仓库，道士们要么变成了地道的农民，要么外出谋生，长春庵就此冷清下来。直到1994年，旅顺口区文管部门筹资再塑佛像金身，重绘壁画，整修庭院，并派专人管护。从土城子村委会向西再向左拐，十分钟的车程后，就到了长春庵。可惜的是，采访那天，长春庵正在扩建，到处搭满了工地木架，无法进去观看，但肃穆庄严的古建筑和扩建的亭台楼阁却隐隐透出它未来的兴旺。张广有告诉我们，道观里已有道士和道长，扩建后，土城子村也想依托道观发展旅游业。毕竟，道教文化也是中国传统文化的一部分。

▼大连的菜篮子

如今的土城子是现代化的绿色农业生产园区，而在半个世纪前，它就是大连市民的“菜篮子”了。这里温和的气候，肥沃的土壤，充足的水源，都非常适合农作物种植。上世纪60年代初，大连蔬菜公司和三涧堡公社成立了蔬菜调拨站，当时，各生产队产出的各种商品菜都要送到大连，其中，土城子是最主要的产区。至今，村里八九十岁的老人们都记得当年给大连市连夜送蔬菜的辛苦事。

夏季，为了让大连市民吃上新鲜蔬菜，当时的土城子大队在畜力不足的情况下，采用了畜休人不休的办法，每天晚上组织青壮劳力，10 人一组，拉着装满商品菜的大车，爬坡越岭，将菜送进大连城，得往返 70 多公里。每年秋天，秋季大白菜上市时，土城子所产大白菜大部分被蔬菜公司划片销售给各厂矿、企业、大专院校与驻军。张广有自豪地说："1987 年，我们土城子的大白菜曾经创造过亩产 15.37 吨的记录，在辽宁省夺了冠军，其中最重的一棵白菜 51 斤，就是我当年在的生产小队干出来的，那时，我还是小队长呢！有好几十年吧，大连市民吃的大白菜每四棵就有土城子的一棵，这是我们很自豪的事情。"

而今，历史的辉煌尚未走远，土城子的现代化农业更加生机勃发。"种菜七姐妹"扬名方圆几十里，种菜能手张秀玉上了央视，"绿晨"绿色蔬菜远销国内外……"土城子工厂办得多办得好，土城子的菜也种得好，土城子人爱玩会玩，我觉得这都是跟土城子人善于接受新事物、新信息有关。"对于自己的家乡，张广有自豪中带着更多的信心。

（照片由土城子村委会提供）

几间瓦房，一棵老树，那是故乡的符号

营城子

汉墓留下千年之谜

周媛

古墓何愁土层深，洛阳铲下骨森森。
瓦罐盛灰堪匿迹，雕龙带扣十足金。
才修牌楼拟旧貌，又划城图谋创新。
菜丰果美山河秀，养育辈辈文化人。

营城子的水库

▼老镇名片

营城子镇位于大连市甘井子区西北部，西南与旅顺口区接壤。面积103平方公里，人口32395人。地处辽宁省沿海开放城市群和环渤海经济区域枢纽地带，地理位置得天独厚。

营城子以古驿闻名辽南，早在汉代已形成村落，唐朝在此建有兵营，筑有城郭，因而得名。1983年设为乡，1985年改为镇，2007年改为街道。

对于很多大连人来说，营城子似乎因为近在眼前而失去许多神秘感。从市内锦绣小区走明珠路，车行20分钟，就到了营城子双台沟村。即使绕远一点儿走旅顺北路，40分钟后，马路边一座上书“永兴门”的仿古牌楼就会跃入眼帘——大连近郊镇营城子，如同我们那些低头不见抬头见的同事邻居，只有偶然间翻开他们的履历，才会惊叹：“身边真是藏龙卧虎！”

营城子南部为千山余脉低山丘陵，北部为沿海平原。此地依山傍海，景色秀丽，盛产果、菜、蛋、肉、奶和海产品，历来是大连市重要的副食品基地。一位从营城子走出来的朋友热情地向我介绍故乡：“历史悠久，底蕴绵长。家乡的地，肥沃丰饶，果菜飘香，饥年也饿不死人；家乡的人，耕读传家，能歌善舞，浑身都是文艺‘细菌’。”

▼汉墓留下千年之谜

营城子素有古驿之称，是大连市乡镇（街道）中拥有文物保护单位最多的一个，目前已经确定的文物保护单位有14处。文家屯贝丘遗址和四平山上的积石墓地遗址，将营城子的历史上溯到新石器时代中期。

据资料记载，在经历了从原始社会到奴隶社会再到封建社会的变迁之后，秦时，这里归入统一的中华版图。汉时，这里已是人烟稠密、经济繁荣、位置非常重要的地区；三国时期，魏征辽东，繁荣一时的营城子在连年战火中陷入荒凉。

我站在车来车往的明珠路边，眺望远处的果园菜地，在脑海里勾画着“秦时明月汉时关”的营城子，猜测彼时它有着怎样的过往，又是怎样的烽火兵戎将它湮没在硝烟中。

作为一个历史爱好者，我更愿意相信有物证的历史，不论一个地方把自己的身世追溯到多么遥远，如果没有实物作为佐证，我都会感到遗憾，觉得它们有“神话”或“传说”之嫌。

对于营城子的古老，因为实物的存在，我相信，它不是后世为长家乡志气人为造就的“源远流长”——童年时，因为与旅顺博物馆毗邻而居，博物馆成为我的第二课堂，相较于那些看不清眉目的石斧、石范，我更喜欢欣赏那些有美学情趣的陶罐、陶房、陶猪，这些展品旁的标签，让我知道了它们共同的出土地“营城子”。它们是营城子早在新石器时代，以及后来的春秋、两汉时代，有人类活动的明证。

说营城子，话题总绕不开那一座座构造各异、神秘莫测的汉墓。从永兴门牌楼往里走，路尽头是营城子村民俗博物馆，这里完整地保存了两座此地出土的三室砖室墓中规模最大、最特殊的墓室。博物馆入口处有一道两米高、近五米长的弧形影壁墙，向来访者展示了它的神秘面容——108块汉砖构筑的影壁墙上，每块砖上面都有一个五指张开的手印。墙砖已是2000多年前的物件，手印亦是那个时代的印记。据说，考古学者们作了多方考证，对于这些手印，只能给出“当年制砖匠人留下的”、“可能代表某种隐喻”的猜测，至于手印是否真的有什么寓意，仍然是个未解之谜。

2000 多年前，这片土地上的人就是这样真切地存在过。我想，那些擅长写穿越题材的作家们如果到访，这道影壁墙会给他们提供多少创作灵感啊！

汉墓遗址遍布营城子全镇 73% 的区域，其范围之广、规模之大、随葬物品之丰富以及其中壁画“导引升天图”等，均令考古界称道。

营城子壁画墓

营城子考古可追溯到上世纪 30 年代，不时出土的汉墓，也让营城子人比别处人有更强的文物保护意识，许多有很高研究价值的汉墓，就是当地农民在耕地挖沟时发现并及时报告的。

古墓总是被人与神秘或宝藏等字眼联系在一起。营城子的古墓多在生产力相对低下的年代修建，客观地说，有艺术欣赏价值的物件并不多，其中纯金打造的金质十龙带扣算是其中的“佼佼者”。这个带扣上雕有10条龙，造型生动逼真，一条大龙从上到下贯穿，大龙之上有两条对称的小龙，旁边有7条小龙围绕，每条龙的脊背上都是小珠造型，带扣上还有绿松石做点缀。这件佩饰显示了主人拥有相当高的地位，也充分体现了汉代焊缀工艺的精美，堪称汉代金器之极品。

营城子街道一位负责人告诉我：“如此多的墓葬在此地被发现，说明这里曾经是人烟稠密的地方，专家推断，附近必然有城郭。但是，直到现在，城郭在哪里，仍然是个未解之谜。”

在史学家和研究者的眼里，营城子汉墓对于中国东北边疆史研究具有重要价值。2008年，大连市政府在营城子沙岗村建立了大连汉墓博物馆。

▼历来是大连的菜篮果盘

仲秋前后，明珠路两旁，一顶顶红色尼龙绸帐篷连绵不绝，帐篷下，是一家家水果摊。姚大嫂正忙着拾掇筐里的葡萄，她小心翼翼地将紫红色的葡萄串里个别挤破的、蔫巴的葡萄粒儿剪下来，再将拾掇利索的葡萄放回筐里。不时有人把车停在路边光顾她的帐篷，姚大嫂手脚麻利地帮顾客挑选、过秤。“双台沟

营城子汉墓

玫瑰香”，是营城子一个声名在外的葡萄品牌，市内有的水果摊贩爱耍小聪明，用外地的葡萄冒充“双台沟玫瑰香”，气得“真李逵”常常通过媒体打假。

中秋节前夕，很多大连人专门开车到这儿买成箱的“玫瑰香”，果农们有经营意识，家家准备一摞印有“营城子玫瑰香”字样的纸盒箱和成卷的透明胶带纸。

姚大嫂两口子侍弄十多亩果园子，一半儿种樱桃，一半儿种葡萄，都是金贵水果。每年清明节前后，是葡萄放叶伸蔓的时候，姚大嫂两口子就忙开了，搭葡萄架，将葡萄叶蔓上架、绑缚，浇水、施肥、祛病、灭虫，精心伺候，期盼着秋天硕果累累的好收成。仲秋前后，半年的辛苦终于透亮了。一亩葡萄园能产3000来斤果，整块地能给家里带来六七万元进项，汗珠子算没白砸。

姚大嫂卖水果的经验并不比侍弄果园子少。果实收获的季节，每天早晨，姚大嫂都会起个大早，搬两纸盒箱子自家水果，赶五点多钟的车到大连的农贸市场去卖。她最常去的是刘家桥早市，那里交通方便、顾客也多。姚大嫂通红的头巾、黢黑而憨实的笑脸和一口营城子话是最好的广告，“大连人最认俺们这儿的水果，糖分足、味儿正！”通常，不到两小时，姚大嫂的水果箱就空了。搭车回到家，才上午九点多钟，姚大嫂两口子就在道边搭起帐篷“守株待兔”，因为旁边就是葡萄园，还闪着露珠的葡萄总是会勾得过路客停车光顾。

这个季节，道边搭帐篷的果农大有人在，“三哥”“四嫂”的，都认识，大家各忙各的生意，扎堆儿经营，谁也不担心生意被抢，有时他们还会把客人往别家的摊子上介绍，“三哥，她嫌俺家的果小，看看喃家的。”营城子水果是“皇帝女儿不愁嫁”，果农们有信心，那些鲜灵灵的果子不会烂在家里。

据《营城子镇志》记载：“历史上，境内不少农户有在院内、宅旁、山坡、河边栽培桃子、李子、杏子、梨、枣等果树的传统习惯。传说早在晋代，境内已栽种苹果，那时苹果称‘婆平奈’。明末清初，战乱不断，为保护果树，官府曾派兵丁看守。”

营城子果园经济形成气候大致是从上个世纪初开始。据史料记载，1907年，双台沟村李义田从日本大阪购进国光苹果树苗栽培，此后，郭家村、营城子村、沙岗子村先后出现有规模的果园。作为经济作物的水果让营城子人尝到了“甜头”，当地人自豪地说：“营城子一直是个富裕之地，即使是灾荒饥馑年份，俺们这儿的日子也比别场儿强。”

据说，“文革”期间，营城子村民家房前屋后的果树有不少被当成“资本主义尾巴”砍掉了，水果产业受到限制，但一些村仍然以退耕还林为由继续栽果树。营城子11个村，村村有果园，2000年的一次统计显示，全镇有果树56万株，年产果6000多吨。

除了水果，营城子还是传统的蔬菜基地。上世纪八九十年代，大连实行“菜篮子工程”，营城子也是主角。营

赶集永远是老镇最热闹的活动

城子大规模种菜的历史是从晚清开始的，当时清政府修建旅顺军港、大连湾炮台等防御工事，军政人员、劳务人员增加，蔬菜的需求量也随之增大。1898年9月，沙俄“租借”大连地区，修筑东清铁路，次年9月，大连商港开始修建，市政建设也随之扩大，城市人口不断增长，商品菜的需求量大幅度增加。到20世纪20年代,营城子已经出现了专业菜园。因为水、光照、土壤等自然条件优越，营城子蔬菜产量大、品种全。

1978 年，营城子专业菜田面积达 1.28 万亩。由于蔬菜种植面积过大，地下水开采过量，致使海水倒灌，从上世纪 90 年代开始，营城子菜田面积减少到 1.1 万亩。

像姚大嫂一样，绝大多数营城子人在春种秋收中完成年复一年的轮回。攀谈中，性格淳朴的姚大嫂流露出对今日生活的满足和幸福感，她告诉我，三年前开始，她和老伴就开始领社保了，开始是每月几百元，之后逐年上涨，现在每个月他俩分别能拿到 1000 多元钱的社保金，再加上侍弄果园的收入，日子挺舒坦的。姚大嫂的儿子毕业后在大连找了工作，两口子还经常补贴儿子的生活。

从 2009 年开始，大连生态科技创新城规划出台，营城子全域规划在内。作为大连市重点开发建设的新城，这个规划把营城子多年发展积淀的生态优势、空间优势、资源优势和产业优势推向经济建设的前沿，这里的森林覆盖率将达到60%，人均绿地面积 40 平方米。

姚大嫂对于这个规划的了解并不详细，但还是很期待，因为这块养育她、滋养她，让她赖以生存、休养生息的土地从未让她失望过。

▼教化营城子

已届花甲之年的刘先生幼年失怙，儿时在营城子的生活记忆已经模糊，但让他念念不忘的是，当时自己在村里小学堂受到老师们的悉心照顾，那些老师严格却不失慈爱，不仅教给他知识，还关心他的温饱冷暖，给他清冷的童年留下一抹温暖的颜色，也给了他受用一生的文化启蒙。

营城子历史文化底蕴厚重，素有“教化营城子”之称。这里出过不少传奇人物，至今乡间还流传着乔有年中进士的故事。乔有年是营城子双台沟人，清朝咸丰八年中举人，同治元年中进士，曾任工部主事。据说乔有年小的时候一只眼睛被车夫的马鞭子抽伤，留下疤痕。同治元年参加进士科考时，他最先交卷，主考官阅卷后，十分欣赏，但看到他五官欠端正，便叹息：“可惜可惜，一只眼睛半职官啊！”乔有年随口接道：“一只眼睛半职官，半个月牙照漫天。”闻听此言，主考官对乔有年的机智和文采大加赞赏，遂录为进士。

乔有年曾在山东蒙阴、章丘等县做官。据说，他通过一只荷包，弄清案件的来龙去脉，将杀人真凶捉拿归案，成全了一对蒙冤的青年男女。相传，吕剧《乔老爷上轿》就是依据他为官的故事编写的。

在营城子，另一位乔姓前辈的名字和功绩也被后世铭记，他叫乔德秀。

出身寒门的乔德秀天资聪颖，勤奋好学，曾因成绩优异被选送国子监读书。他治学严谨，通晓经史，被公认为辽南名儒。1910年春，他在营城子西小磨子村创办金州私立公育两等小学校，自任校长。这是当时当地中国人自己创办的唯一一所学校，前往就学的有百余人。乔德秀不但传授文化，更教学生做人、爱国之理，为日本统治当局所不容，学校创办不到三年便被勒令停办。

乔德秀为人耿直，不畏强暴，为地方公益之事常置个人利益于度外。日俄战争中，俄军割当地老百姓的青苗喂马，他与俄军据理力争；日本统治当局强行从民田取土，乔德秀只身闯入衙署评理，他的义举为乡民称道。

▼文艺人才辈出

也许是因为依山傍海，自然条件优渥，营城子人生活相对富裕。耕读传家、尊师重教的营城子，还是一块群众性文艺活动的沃土，出了不少文艺人才。

当年，营城子地区的庙会远近闻名，热热闹闹的庙会成为有文艺天资的乡人们崭露头角的舞台。

营城子村庙会从每年的农历四月十五日开始，演5天京剧，庙会期间小学堂放假，戏楼周围到处搭棚，开设各种卖店、餐厅，祈祷活动结束后，人们可以看来自大连的京剧名角演出的著名曲段，其中既有折子戏，又有连本戏。农历三月二十日是前牧城驿村的关帝庙会，正月十五是双台沟村的关帝庙会。庙会上，鼓乐齐鸣、人声鼎沸，好不热闹。新中国成立后，庙会停办了。1999

年5月，营城子村永兴寺修复，也恢复了农历四月十五日的庙会。

有庙会，就得有鼓乐，双台沟、东小磨子、对门沟、黄岭子等村皆有鼓乐班子，用大中小唢呐、笙、管、笛等演奏。东小磨子村人金万和是远近闻名的鼓乐艺人，因为会吹的曲子多，人称辽南“曲包子”。他8岁时就拿着葱棒子对着水盆练习换气，到风烛残年卧床不起时，80多年没离开唢呐，甚至临终前还示意家人把唢呐放在他枕头边。

翻开《营城子镇志》的当代人物篇，你会发现一连串活跃在市级省级甚至国家级文艺舞台上的那些耳熟能详的名字。

上世纪60年代脍炙人口的电影《红色娘子军》中洪长青的扮演者王心刚，是营城子前牧城驿村人。他曾在25部影片中扮演主要角色，《野火春风斗古城》中的杨晓冬，《伤逝》中的涓生，《知音》中的蔡锷，都是他留在荧屏上的经典形象。在电影明星凤毛麟角的时代，王心刚俊朗的银幕形象可以说是家喻户晓。鲜为人知的是，王心刚的弟弟王心玉也是一名文艺工作者，他是国家二级演员，曾任抚顺市话剧团团长，在几十部话剧中扮演过重要角色。

大连话剧团演员、在电视连续剧《努尔哈赤》中扮演努尔哈赤的侯永生，是营城子双台沟村人，在电视剧开始走进千家万户的上世纪80年代，侯永生参演了近500部电视剧，担任了许多重要角色，是名副其实的高产演员。

中国戏剧家协会会员、大连影视艺术中心主任单联全，曾在营城子工作和生活了近10年，他感慨道：“那里（营城子）既是我的伤心地，也是我的事业起点。”原来，上世纪60年代，单联全曾在营城子当教师，风华正茂的他很快崭露头角，可是随之而来的“文革”让单联全遭遇无妄之灾，被铺天盖地的大字报批判。伤心至极的他偏有股不认命的劲儿，想证明自己，于逆境中走上了文艺创作之路。

今天，当年的同龄人多半离职休养在家，可单联全仍然活跃在文艺创作的舞台上，“越老越吃香”。

单联全分析，为什么营城子出文艺人才？这是深厚的文化积淀和示范效应产生的结果。古时的重镇、历史悠久的庙会活动，为营城子积累了厚实的文化土壤，这是一种潜移默化、润物无声的影响；一批批文艺人才的脱颖而出，在当地群众中有强烈的带动和示范效应。比如，当红明星是家乡人，这里的人就相对更喜欢看电影、看戏剧，就有更多机会加入到这个行业中，这可能也是我们时下流行的“伙伴效应”使然吧。

牧城驿

悠悠古『船城』

魏东平

依依牧场树，绵绵城墙根。
逢人便讲古，但唤古风存。
老炉升新火，旧寺梦里寻。
石碑当柱础，与谁说清芬。

远眺牧城驿

▼老镇名片

牧城驿地处大连市甘井子区营城子街道东部，坐落在渤海之滨。它东西长5公里，南北宽3.5公里，面积16.8平方公里。

牧城驿以旅顺支线铁路为界，铁路南边是前牧城驿，铁路北边为后牧城驿。旅大铁路及土羊高速、明珠路等汇集于此，是旅顺北路的黄金通道。

牧城驿依山傍海，风景秀丽，气候宜人，土壤肥沃，盛产蔬菜和水果，被农业部和大连市政府命名为蔬菜无公害生产基地，素有“不是江南，胜似江南”的美誉。

穿过一个地面湿湿漉漉的小渔市，尽头是一个可以进车的豁口，这豁口很特别——两侧用长条的青石头砌成一人多高的墙垛，居住在这里的老住户笑着说，这里就是牧城驿古城的北门。以前，两面的城墙是连接在一起的，门楣用青砖砌成拱形，是真正的城门。站在城门内的土岗上张望，前牧城驿村已成一个巨大的工地。从2012年起，古城内的居民陆陆续续迁出了世代居住的老宅。北城门内挖掘机忙碌着，远处稀稀落落地矗立着几十户民宅……

牧城驿老照片

古城、古树、古庙、古墓……还有古老的瞭望台，在老人们的口中，牧城驿有着讲不完的故事，“以前，从金州到旅顺，这里是唯一有城的地方。”这里的历史太悠久了，悠久到 4000 年以前，先民们就在北海边的双坨子山上定居、劳作；悠久到汉唐的信使在此匆匆下马，又换上新的坐骑，绝尘而去；甚至老墙上的苍苔、遍地的瓦砾都氤氲着百年的光辉，还有前牧城驿老仇家酸酸甜甜的山楂糕、孙瘸子摇着小镗锣挑担卖的橘子瓣糖、营城子二黑脸摇着小圈鼓走街串巷卖的洋花布，都在老人们的讲述里重聚。

韩悦行老人是前牧城驿村人，1954 年毕业于东北师大中文系，先后在旅大师范、大连三中任教，退休后醉心于大连史的研究，曾编撰《大连近百年史人物》《大连掌故》等书。十年前，他遍访乡里耆老，收集了大量遗闻逸事，出版了《辽东古邑——大连牧城驿》一书，可谓牧城驿的一部史志。

据韩悦行考证，在不同历史时期，

韩悦行老人在牧城驿北城墙遗址前向我们讲述牧城驿的历史

牧城驿的地名几经更迭。驿就是驿站，是古代战时用以传递信息的中转站。牧城驿自古以来地处交通要冲、军事重地，是金州通往旅顺的必经驿站。“唐代以前，这里叫作木场堡。那时这里人烟稀少，从牧城河直到北海边，覆盖着茂密的森林，是天然的伐木场和放牧场，所以叫木场堡。到了明代，木场堡改称木场驿。明政府为了传递军令，贯彻政令，运送贡赋，在全国广设驿站。辽东地区以辽阳为中心，有四条交通干线，其中南线是从辽阳至旅顺，共设有 11 个驿站，最后第二站就是木场驿。明嘉靖年间重修牧城驿关帝庙的石碑上，刻有'木场驿'三个字；清康熙年间编撰的《盛京通志》中，将牧城驿称为'木厂堡'；清同治年间重修牧城驿关帝庙的石碑上，刻有'木厂驿'字样。19 世纪末，'木厂驿'改称'牧城驿'，并沿用至今。"

牧城驿从上世纪 20 年代起开始种植果树和蔬菜，此后，盛产水果和蔬菜的牧城驿一直是大连城郊比较富裕的地区。现在，前牧城驿古城不远处已规划新建小区，前牧城驿正经历着涅槃般的重生。后牧城驿到处是菜园，在这里种地的大都是外来务工者，本地人多去当工人或发展三产，将地租给他们经营了。

▼韩家铁匠炉和关帝庙

进入南城门北行200米，见一铁匠铺，门外竖立着两根粗壮的拴马桩，炉火烧得通红。打铁的老人名叫韩恒政，今年已经84岁了，身体硬朗，打铁的手艺非常娴熟，叮叮当当几下就打好了一根铁钎。"有一百多年了，传了三辈人。"韩恒政老人说，早些年这个铁匠炉很红火，打农具、钉马掌，远近闻名。

韩家铁匠炉门外有一片杂草丛生的空地。韩悦行说，那里就是古城中心的小广场。早前，小广场上有两座庙，兴建于明代中期，都是青砖青瓦，飞檐斗拱，雕梁画栋。东院是三楹的娘娘庙，供奉着送子娘娘，神态雍容安详，墙壁上画着封神演义的故事片断。西院是关帝庙，又叫老爷庙，建在土台上面，与南城门遥遥相对，看上去巍峨雄伟。正殿供奉有关公像，东西两厢马厩配殿中塑有马童牵着关公的坐骑，西侧殿是赤兔马，东侧殿是黄骠马。小马童一手牵马一手扬鞭，满脸稚气，憨顽可爱。墙上绘有水墨壁画，画的是桃园三结义、三顾茅庐、过五关斩六将……庙里有两棵 400 多年的古槐，粗壮的树干需四个人才能合抱过来，巨大的树冠荫蔽了整个院落。庙门前竖有两根三丈高的旗杆，只在有庙会的时候才挂上庙旗。每年农历三月二十是庙会的日子，其间要搭台唱大戏三天或五天，本村和外村的人们都来赶庙会，人头攒动，熙来攘往，

牧城驿里的老铁匠铺，如今还在营业

卖面食的、卖农具的、拉洋片的、耍戏法的，吆喝声、嬉笑声响成一片，热闹非常。

大连解放初期，这座有着500年历史的古庙在反迷信运动中被拆除，两棵稀世的古槐也在“文革”中作为封建遗毒被砍掉了。

大庙北行不远有一处典型的辽南农村小院，这是牧城驿唯一的四合院，上房是七间起脊的大瓦房，青瓦白墙。它原是“翰林府邸”，牧城驿人习惯叫它“旗杆底”。

韩悦行的《辽东古邑——大连牧城驿》一书中，有这样一段叙述：“李姓第二代先祖李逊创办永昌炉，主要制作农家用的犁铧子，所以又叫铧子炉。这是前牧城驿经营最早的化铁炉，每年秋后回收农户的废铧子，冬季开炉铸造，四个人合拉一个大风匣，昼夜不停，大忙一个冬天，开春后供应附近的农家。李逊次子启球生四子：贵昌、茂昌、绪昌和言昌。李绪昌，清同治三年中举，翌年为殿试二甲79名进士，钦点翰林院庶吉士，后晋升为翰林院编修，出任工部主事，官居六品。李家出了翰林，官府在他家大门外竖立一根大旗杆。”

李绪昌是清末大连地区最后一位翰林，可惜他38岁便英年早逝。李贵昌为同治六年举人，光绪二十年出任四川荣昌县知县。仅过数月，中日甲午战争爆发，金州失守，他惦念家族乡里，遂辞官还乡。“翰林府邸”，这座牧城驿人心中标志性的建筑，也在最近的拆迁中不复存在。

▼春秋战国古墓与贞节石碑

后牧城驿的北海边有两座相连的小山，叫双坨子。上世纪20年代开始，牧城驿谁家盖房子，都要到这里采石，后来，双坨子就只剩下了一半。据村里的老人讲，他们小时候跟大人上山打石头时，还时常能捡到一些陶片，有黑色的，有褐色的。1964年秋，旅顺博物馆的考古专家在大坨子山上发现了青铜器时代的三叠压文化层，下层文化距今约4000年，出土有石斧、石锛、石马、石矛及大量骨器、陶器等。双坨子山如今被铁丝网围着，无法进入。

后牧城驿东北300米有一处高岗，走过一条颠簸的土路，再穿过一片菜地，眼前是一个红砖砌成的小院，院落内外杂草丛生，拨开杂草，可见一通刻有“岗上墓地”的石碑。辽师大附中退休老师穆兰贞回忆说，小时候，孩子们经常到土岗上乱跑，有人还捡到过石斧。1964年，考古工作者在这里发掘出23座春秋早期的积石墓，随葬品有曲刃青铜短剑、铜矛、铜镞等。

距岗上墓地不远，也有一座土岗，当地人称“楼上”，1964年，旅顺博物馆考古专家在此发掘出十座石棺墓、石板底墓、砾石墓，出土青铜短剑、铜斧、刀、镞等，经断代确认，属战国晚期墓葬。

韩悦行家的老宅在前牧城驿原第五

生产队队部的后面。队部的屋角下，砌着一块长方形的青石。韩悦行说，那是从碑楼里砸断的一通贞节碑。老百姓所说的碑楼，在距前牧村不远的东岭上，原本就是一处荒无人烟的旷野。清代中期，这里最早立起一通贞节石碑，在青砖砌起的护碑亭上刻有“碑楼”二字。之后直到民国初年，这里陆续竖起57通贞节碑，碑主大多是营城子和旅顺地区的贞节烈女。这些“封建社会的遗毒”在“文革”中同样在劫难逃。一个夜晚，附近生产队的社员和民兵赶着马车，浩浩荡荡地开进碑楼，将石碑连根砸断后拉走，用作房基石。说起这些，韩悦行连连称惜：“如果碑楼保存下来，在此辟一处公园，也是牧城驿的一处景点。”

▼悠悠古“船城”

从前牧城驿南口入村，行不多远，便见一段古老的城墙，城墙与一户村民家的院落连接在一起，墙下立有一通石碑，上面镌刻着“牧城驿城址，区级文物保护单位”，这里就是村民常说的南门。

据村里的老人讲，牧城驿古城修建于明朝末年，明将毛文龙为防御清兵入侵，派兵驻守此地，并修筑城垣。古城的东西两侧是丘陵，山上各有两座古瞭望台。当时，古城的四面均筑有城墙，高5米，厚4.5米，周长1548米。古城有南北两个城门，城门高6米多，长7米，宽5米，用大方石砌成，门楣用大方砖筑成拱形，白灰抹缝。

古城的东南北三面城墙都是用大方石砌成，中间夯土，只有西墙是黄土夯筑。东城墙南北成一条直线，西城墙成曲形，南北城墙长度不同，北城墙略高于南城墙。远远望去，古城恍如一艘停泊在海湾中的大船，所以又叫“船城”。在老人们的讲述中，古城愈添几分神秘色彩。

据看守营城子壁画墓的杜老先生讲，直到上世纪50年代，古城南门的拱顶依然保持着旧貌，后来门楣上的青砖松动了，为防伤人，才拆掉了城门，仅留下了东侧门垛。

大连二中退休教师王秉家说，他小的时候，城墙因年代久远，上面长满灌木、乔木、藤萝，夏天庇荫，冬天避风，一年四季，都有老人、孩子聚在南城门边聊天、玩耍。城墙上不敢去，因为传说上面有蛇。

“‘文革’中，古城的城墙大多被扒掉了，城墙上的石头被生产队拉去垒猪圈，墙上的土被用来垫猪圈沤肥。”韩悦行摇着头叹息。目前只有北城门附近依然保留着一段城墙遗址。

上世纪30年代，古城的中心广场前曾经开有一家300年历史的商铺——广兴永杂货铺，有青砖瓦房15间，生意兴隆。王秉家回忆，广兴永的少东家当年曾登上西山，即兴咏诗一首：

登高望海在眼前，
山似螺形城如船。
牧城古关多奇秀，
人杰地灵出圣贤。

▼牧城驿的名人们：韩树英、王心刚、黄淑卿

明朝末年，后金五次攻打金州、旅顺，黎民百姓或死于战乱，或举家外逃，牧城驿地区出现了有土无人的凄凉景象。清初，朝廷下诏移民垦荒。康乾年间，山东、河北等地一些居民迁居于此，垦荒戍边，汉民被编入汉军正黄旗。在清代，牧城驿共有28人在旅顺水师营和金州任武官，佐领有韩光凤、韩兴沼、韩兴杲、韩兴忠、韩恒蔚等。

牧城驿人杰地灵，是个文墨之乡，近现代也出现了一大批优秀人物：解放农奴的韩志章、为民请命的韩道观、举人李贵昌、进士李绪昌……当代就更多了：台湾实业家韩浩然、双盛园创始人黄淑卿……

老百姓口中说得最多的牧城驿名人，是著名电影演员王心刚。王心刚1932年出生在前牧城驿村，1949年进入东北军工局文工团，1956年进入长春电影制片厂，1985年调入八一电影制片厂，上世纪50年代到70年代，参与拍摄了《野火春风斗古城》《红色娘子军》《秘密图纸》《大河奔流》等一批家喻户晓的影片，塑造了各具特色的艺术形象。1981年，王心刚在《知音》中饰演蔡锷，获第五届电影百花奖最佳男演员奖。王心刚曾任八一电影制片厂副厂长，1989年被评为新中国成立40年十大电影明星之一。

让牧城驿人引以为荣的还有中共中央党校原副校长、博士生导师韩树英教授。

韩树英1922年出生于前牧城驿。韩家原本世代务农，上世纪30年代初，日本殖民当局修建旅顺北路和牧城驿水库时，占去他家大部分土地。韩树英7岁时，父母迁居大连市区，弃农经商。韩树英天资聪慧，读书时成绩一直名列前茅。1942年4月，韩树英考入日本东京第一高等学校，开始了留学生活。受“中国留学生同学会”中的进步同学影响，韩树英阅读了大量马列主义著作，走上了革命道路。

1943年春，中共地下外围组织秘密读书会成员商议，回国奔赴延安参加革命工作。12月初，韩树英回到大连等待时机。为了不引起日本殖民当局的注意，他住在牧城驿老家，足不出户三个月，埋头研读革命理论书籍。1944年3月，韩树英接到消息，辞别家乡，化装进关，在北京与同学会合，经太原到晋东南过封锁线，几经风险到达刘伯承、邓小平领导的晋冀鲁豫抗日根据地。

1944年5月，在东京一高的留日同学会骨干和校友，因在各种同学集会上的激进抗日言论被告密，遭到日本宪兵特务逮捕。秘密图书室被查抄，并牵涉到已回东北的进步校友，大连关东军宪兵队前后三次到大连市和牧城驿韩树英的家，企图诱捕韩树英。

抗战胜利后，中共中央东北局分配韩树英到大连做青年和教育工作。1947年5月，韩树英被任命为大连市教育局副局长，1950年任市政府党组成员、市文

教局局长。1950年7月，韩树英被选派到中共中央直属的马列学院学习，1954年于该校理论部哲学专业毕业后，留校任教，其间马列学院改称高级党校，后又改称中央党校。

从1983年到1988年王震任校长期间，韩树英任副校长，此后又回到教研工作上，任教授、博士生导师、校学术委员会委员。他是第七届、第八届全国政协委员，创办了大连市中日友好学友会，并任名誉会长。

上世纪30年代，前牧城驿村的北城门外有一排商铺，在汽车站附近的一处铁皮房，是韩树桐经营的同顺福杂货店。韩树桐就是后来的台湾实业家韩浩然的父亲。韩浩然原名韩德厚，1923年出生于前牧城驿村，1940年毕业于大连商业讲习所。1948年，韩浩然与家人由沈阳经上海到达台湾。在亲友的资助下，集资台币60万元，在台南市创办泰东农产品加工公司。四年后，泰东公司扩大经营，成立了大成油脂公司，以生产大豆色拉油为主。

1973年，韩浩然的公司与高雄长城面粉厂合并，改称大成长城企业股份有限公司。1993年，大成彰化饲料厂竣工，成为台湾最大的饲料生产企业,并在越南、新加坡、马来西亚、菲律宾、印尼等地建立工厂。上世纪90年代，辽宁大成农牧公司在沈阳成立，之后在大连、锦州、上海、深圳等城市陆续建起数百家企业。

小镇女孩

革镇堡

夏家河子那一片特别的海

张庆国

休道占山早，后来居上风。
堡飘点心味，墟趁大富翁。
古树阴凉久，浅滩日光明。
父子为卿相，德政有清声。

革镇堡的安山寺

▼老镇名片

革镇堡（pù）位于大连市甘井子区北部，面积 50.5 平方公里，人口约 5.4 万人。

革镇堡北靠渤海湾，地势中间低、两翼高，土地以丘陵为主，海岸线长约 13.2 公里。

▼小镇沧桑三百年

在千山山脉西南延伸部分的低丘之中，藏着一个恬淡安逸的村落——革镇堡。从大连市区往北，车行20公里左右就到了革镇堡。一座座小桥，潺潺的流水，鳞次栉比的民居，庄严肃穆的庙宇，巍巍耸立的山丘，生命力旺盛的古树，平静的海滩和安逸的人们……

在这里，随处可见日俄占领时期的建筑。虽然年代不算很久远，也没有很高的历史价值，但这些房子能如此集中地保存下来，殊为不易。一些门牌和墙头如今早已破旧不堪，房子里也早没了人烟。但是，从那依然精致的建筑中能依稀看出曾经的浮华。

关于“革镇堡”名称的由来，大连史专家韩悦行经过考证，给出了自己的答案：“革镇堡的原名叫葛针堡，这个名字跟酸枣树有关。这个‘葛针’就是指荆棘（也是人们说的酸枣）。”在清朝，一支满族人来到这里开荒种田，那时的革镇堡已经有 80 余年渺无人烟，漫山遍野荆棘丛生。而满语中称荆棘为葛针，当年开荒的满族人就将这里称为葛针堡，其中的“堡”，指的是有城墙的村镇。当时为了提高警戒，在此地东西两侧修筑了烽火台。1924 年，日本殖民当局在大连地区设立大连和旅顺两个“民政署”，并在此建立了类似于镇级别的行政机构，隶属于旅顺民政署，于是将葛针堡改名为革镇堡。

“可能只是为了保持地名的谐音吧。”韩老有些不确定。

研究革镇堡历史多年的李成冬是革镇堡前革村人，2002 年退休以后，他一直在探寻自己家乡的历史。“从上世纪 50 年代开始，前革被划分到辛寨子街道，已经不属革镇堡街道管辖。”李成冬说。但是前革村可以说是革镇堡的发源地，因为当年来到这里开荒的那一支满族人正是前革广氏的祖先。

清雍正年间，朝廷将革镇堡及砬子山一带划归八旗子弟广氏（为镶黄旗）经营，广氏先祖带着三个儿子来到前革，见东面玉山（榆山）上榆木参天（满族人崇拜榆树，拜为神树），西面鞍子山如青龙盘卧，遂认为这里是一块风水宝地，便在此落脚谋生。此后，清政府陆续从山东、河北等地移民东北，一些汉族人逐渐落户革镇堡，广氏生活日益富足，开枝散叶，成为当时第一望族。其后，广氏四世祖娶了汉族李氏为妻，并接纳汉族李姓入村，满汉两族逐渐融合，才有了今日的革镇堡。

时光荏苒，岁月如梭。经历了近 300 年的风雨洗礼，广氏子弟依然活跃在家乡的各行各业，大连著名油画家广廷渤就是其中之一。

▼岁月如歌　斯人有情

研究革镇堡历史多年的李成冬认为，革镇堡的历史可以追溯到 300 年前。

李成冬说，清雍正四年（1726 年），满族广姓被清皇室分封到革镇堡，在现在被称为“老广茔”的地方搭起了窝棚，落脚谋生，而革镇堡也就此慢慢发展起来，繁盛一时，以至于成了不少外乡人心中能够“讨生活”的好地方。“当年广氏人回老家寻本家时，报家门时会说‘我是南金州革镇堡人，镶黄旗满洲’。”

不过历史的风云不会为一个家族的兴盛而停下变幻的脚步。到了广氏第四代时，随着汉族李氏进入革镇堡，走上革镇堡的历史舞台，广氏逐渐衰落起来。甲午战争后，大连地区先后被俄日侵占，镶黄旗的广氏也失去了清廷的庇护，得不到任何“恩典”，吃不上皇粮、拿不到俸禄，渐渐地失去了土地，也失去了革镇堡第一大户的位置。

姚砬路，被革镇堡人称为“东官路”，是金州通往旅顺口的必经之路。金州在历史上就是辽南重镇，而旅顺口乃天然海港，连接这两大重地的“官道”，其重要性不言而喻。革镇堡坐守此路，成为重要的交通枢纽，也因此留下了很多原本只是途经此地的人和他们的后代。

人口越来越多，这个小镇的活力也越来越强。卖“光头饼”的义顺兴商店开张了，卖日用品的天成祥商店挂起了招牌，就连卖针头线脑也有个“朱卖货”的旗号。

革镇堡鞍子山村的杨老回忆，鼎盛时期的革镇堡安山寺庙会一年一度，四里八乡的人们天不亮就往这儿赶。唱戏的声儿脆亮，杂耍的锣鼓喧天；捏面人的手快，你一眨眼就能做好个孙悟空；扯布料的跟老板讨价还价，茶铺子的伙计手脚麻利得很，点心店飘出的香味老远都能闻到……

“我那时候小，手里攥俩大钱，专门往人多的地方去。不敢乱花，从这头看到那头，贴洋画的看完了，去看杂耍的，能逛一天。天擦黑了回家，买一块豆糕，吃得那个香甜啊，连手指头都舔得干干净净。”在杨老的描述中，这个熙熙攘攘的庙会已然成了周围几个村镇的节日。

奇妙的是，一座曾经如此繁盛的老镇，隐藏在山海之间，一年年不事张扬地过着自己的平静生活。也许是因为，在它的南面有旅顺，在它的北面有金州。这两个在中国历史上留下显赫背影的地名，发生过很多有重大影响的事件。但这些影响的余波，激荡着这里的生活，影响着这里的人们。因此，在它的意识里，平静中流淌着时代之风。

▼风骨小镇代代有传奇

革镇堡最著名的老宅应是保留到2005年的清朝官员李克达故居。据李成冬搜集资料多方考证，李克达曾任守卫旅顺的武官。当年他的官邸大门前有影壁，上有门楼；有正房五间，屋顶是青泥瓦，明柱双垛，木格大窗；四扇双开门，门窗皆为红色；四周院墙石底青砖，大门左侧立有旗杆。

而革镇堡人谈论最多的是李克达的儿子李德尊，他在光绪年间高榜中的后进入仕途，在黑龙江做官，官至四品。因为他在位时廉洁清正，口碑甚好，回乡后，当地百姓为他做了一件“万民衣”。每逢前革百姓有重大事情，李德尊都穿“万民衣”参加。李家两代为官，在当地德高望重。

1904年，日俄战争爆发。为了督战，日本明治天皇的叔叔来到前革，选中李克达旧居作为他的驻营地，村民广德宏的老太爷被强迫每天给他挑水。据说天皇的叔叔离开前，曾命人照所住房屋院落画下一张草图，准备回东京后照样建一个。他临走时还在院门西侧立一石碑，狂妄地写下：“伏见宫第一师团长殿下驻营地。”令人扼腕的是，这块具有历史研究价值的石碑在“文革”中被砸碎了。

上世纪二三十年代，从革镇堡羊圈村走出来的周子扬是当时有名的生意人。周子扬名承武，幼年家贫，未上过正规私塾，但资质聪颖善于学习。1910年，24岁的周子扬到了一家当铺当学徒，很快就掌握典当行业经营之道。几年后他自立门户，生意非常兴隆。发迹后的周子扬并没有忘记乡亲，打井、建医院、清扫街道等，他都首先捐款，成为当时有名的社会活动家。上世纪20年代初，周子扬与人合资在大连西岗创办泰来油坊，因当时大豆及其制品需求量很大，加之他经营有方，获利甚多。接着他又先后在大连市内开设当铺5处、商号1处、窑业1处，购置房产5000多坪（约合1.65万平方米），很快成为大连八大富商之一。1927年，他出面与“满铁”交涉，开辟了西岗货车站，建存储货物仓库。1929年，他呈请开设西岗新开大街夜市。1932年，捐款倡办大连协和实业学校。

1945年日本投降后，苏军进驻旅大地区，在各村推行民主选举。其中前革的第一任村长李元星竟然是用黄豆选出来的：每个候选人身后有一张桌子，桌上有一个碗，参加选举的人每人一粒黄豆，想选谁就把黄豆扔到他身后的碗里。其实，李元星这个名字，对于多少明白一点儿甲骨文的人来说，实在是太响亮了。中央党校原副校长韩树英称他为“国宝”，是辽东知识分子、大连知识界的骄傲。

李元星是在日本帝国主义对大连实行奴化教育时期受的教育，那时，学生用的是日本教材，说的是日本话，学的是日本历史。李元星聪明过人，课余还有足够的时间和精力，他就把目光放在家中保存的中国典籍上。随着眼界的开阔，李元星对日本人实施的教育日益愤慨。很快，“卢沟桥事变”爆发，消息传来，学校里的日本老师和日本学生欢呼雀跃，而中国学生则一个个面色沉重，神情黯然。当日，李元星退学了。退学后的李元星发誓要读中国书，了解中国历史。1940年以后，他结识了罗振玉重孙罗承祖先生，并得以走进罗家的“大云书库”，接触了大量的甲骨文、青铜器等文物，了解了罗振玉、王国维之学，为其日后研究甲骨文奠定了坚实的专业基础。1941年，他在伪《满洲国语》杂志上发表《标准语》一文，公开反对以日语作伪满洲国标准语的日本国策。解放后，李元星于1946年通过中共旅大行政办事处主任廖华，三次将大云书库的情况电告党中央，经过毛主席亲自过问，才使苏军把大云书库中的中国图书、甲骨文、青铜器诸文物从“对日战利品”中剔出并返还中国。

在上世纪初，中国文化界曾有学者称：“中国古史完全是一篇糊涂账，两千余年来随口编造。”为了找到殷前古史的证据，李元星辞去了大连师专（今辽宁师范大学前身）的教职，到旅顺博物馆任考古甲骨文研究员，专心从已发现的数千个甲骨文字中找出“夏字”。1963年，李元星将自己的研究成果写成《夏字考》，但在“文革”中被毁。1968年凭记忆重现略稿，1980年写出详稿，1981年又另起稿即第十一稿。2007年，历经近30年不断增补修订，终成《甲骨文中的殷前古史》一书，这也是他毕生仅有的一本专著。

无论是李氏还是广氏，无论是大户人家还是穷苦人家，在革镇堡，有风骨似乎是一件最平常不过的事。也许，是性格中的倔强，让这块土地上的人显得那样淳朴可爱吧。就连那些散落在镇中各处的老建筑，百年风雨都难损其风貌。

▼平和小镇山海亦有情

满目苍翠的革镇堡，有两棵树龄在500年左右的银杏夫妻树。雌树高大粗壮却不失清秀，雄树虽然已经“秃顶”，根系却很茂盛。两树相距约200米，数百年来，“夫妻俩”同承雨露，共斗霜雪。古银杏树，给这个小镇增添了一份神秘。随着时代的变迁，革镇堡许多老建筑都已经不复存在，尤其现在的前革村高楼林立，已经完全找不到当年的老宅了，老人们都是用这两棵银杏树来定位当年老宅的位置。李成冬感慨道："对于那些多年后回来寻根的游子，找到银杏树就相当于找到家了。"

和长寿的银杏树一样，革镇堡的老人大多长寿。走在青石铺路的巷子里，那边的老树下，须发皆白的老汉正抽着烟袋，对路人投来善意的微笑；往敞开的窗户里看，谁家的老妈妈正在拾掇饭桌……在这里，宁静的生活似乎让时间的脚步也慢了下来。

正午，革镇堡鞍子山上的安山寺里，也有老人或带着孙辈、或三两结伴，聆听佛寺梵音。虔诚的老妈妈，手捧一大把香烛，颤巍巍地在香炉前祈福，嘴里喃喃低语；而在斑驳的石阶上，一个四五岁的小女孩蹦跳着向上走，通红的小脸上满是幸福；庙门口的古树上，那些被阳光晒得泛白的红布条和那些新挂的殷红布条一起，迎风而动。黄墙琉瓦，晨钟暮鼓，站在寺中大殿前，抬头看风云变化，阳光游走，让人不由得心生宁静，似乎夏日的阳光也不那么刺眼了。

说到了山，自然还要说说海。

革镇堡的海是一片特别的海：夏家河子。

这里的沙，温润细腻，滩底平坦，风平浪静，缓平的滩头长达数公里，离岸近百米也只有齐腰深。这里的海，夏日里温柔娴静，清澈的海水泛着海底砂石的颜色，静静的敞开怀抱等着你；冬日里，这睡着的海冰封千里，行走于无边无际的洁白之中，颇有惊涛拍岸卷起千堆雪的心境。

而在不少大连人的记忆中，夏天坐火车去夏家河子"上海"是一件极为重要的事情。

年近七旬的张老告诉我，年轻的时候，到了夏天，他每隔几天就会收拾收拾赶火车去夏家河子。"说是收拾，其实就是带上块干粮。那时候交通不方便，去夏家河子一天只有那么两三趟火车，一大早坐火车去了，下午一定要赶上火车回来，要不就得留下了。就这么麻烦，也总去，因为那儿水好，刚入夏的时候就不凉，人能下得去啊！"在他的记忆中，从旅顺开往夏家河子的火车是逢站必停，除了通勤的人外，整个绿皮火车上就属他们这些去游泳的人最多了。"回来的时候，车厢里有点儿闷，觉得一火车厢都是海水味。坐火车的次数多了，有的人面熟，还能点个头打个招呼呢！"

而在革镇堡人眼中，夏家河子更像是自己的后院。闲暇时去游游泳；想添个菜，去赶赶海，新挖的海蛎子、蚬子，新捞的海菜，鲜得会让人忘记胃口有多大。

也许是这片山、这片海的平静，才给了革镇堡人从容不迫的生活态度。每一个走进这个小镇的人，脚步都会不由自主地放慢下来，生怕破坏了这份宁静安闲。

南关岭

曾经『难过岭』成为交通要道

张庆国

哈斯罕关烽烟动，难过岭旁饿殍多。
古来兵家争战地，命如蝼蚁血成河。
犹有烈士诗书胆，屠刀抵颈仪巍峨。
木材聚散嚣尘起，旧站停靠新火车。

现代化的交通枢纽——大连北站

▼老镇名片

南关岭街道位于大连主城区北部，面积18.12平方公里。全街辖2个村级公司、10个社区居委会，总人口8.3万余人，其中户籍人口3.4万余人。

南关岭在清代称南三十里堡，日本侵占时期渐成小集镇。1945年12月大连县政府成立后，南关岭为县辖第二区（南关岭区）。1950年大连县撤销后，并入甘井子区。

今天的南关岭日新月异，新体育场、大连北站相继建成，新住宅楼鳞次栉比，老镇换了新颜。

▼两个南关岭的传说

南关岭东临大连湾，西部毗连革镇堡，它处于金州、大连和旅顺的连接点上，也是扼守金州和辽东半岛的屏障。在椒金山隧道没有打通之前，从大连、旅顺去金州和大连开发区，南关岭是必经之路。

但让人疑惑的是，大连曾经有过两个“南关岭”。为什么会出现两个“南关岭”？它们最终是合并了，还是其中一个湮没在历史的长河之中？这一段历史的记录似乎有些模糊。

根据史料，南关岭与“哈斯罕关”的兴建有关。公元908年，辽太祖耶律阿保机借中原大乱之际，在辽东半岛的金州地峡处建起了辽长城。辽长城建立后设了镇东关，也就是后来的“哈斯罕关”。

当时不断的战乱让中原通往东北地区的陆路通道被阻断，山东半岛通往辽东半岛的海路成了人们进入东北的唯一通道。躲避战乱的人们，拖家带口、携妇将雏，渡过漫漫渤海涌向辽东。但辽在镇东关设置了关卡检查，还不允许人们在关门前居住久留。举家迁徙前来的人们只好在关门南面的小岭上或歇脚、或食宿。久而久之，这个小岭就被称为南关铺，后称南关岭。

小岭虽小，却给了人们无限的希望，

南来北往的人们有的继续过关前行，有的就落地生根了。这里也渐渐有了村落、有了店铺，香铺、鞋铺、饭铺……人们在这里探听消息、打点行装，那时的哈斯罕关颇为热闹。

哈斯罕关遗址

不过，历史的更迭很快让这里的热闹景象消失了。明末清初，明军与清军在哈斯罕关先后进行了四次规模较大的战争。战争的毁灭性让依附于哈斯罕关的南关岭迅速衰败——哈斯罕关及附近村屯破败了，大量土地荒芜，即便是几十年后，此地仍然是“沃野千里，有土无人”。

哈斯罕关最后一次出现在历史典籍里，是在清朝末年。北洋大臣李鸿章曾先后四次到这里考察，讨论修建军港的事宜。但最终哈斯罕关没能再次走上前台，李鸿章把军港建在了旅顺。从此，南关岭和哈斯罕关便慢慢地退出了历史舞台。现在，想要探访哈斯罕关遗址，只能到甘井子区大连湾街道烟囱山山腰附近，去看一下那块上刻“哈斯罕关址”五个字的石碑了，只有它似乎还在追忆着那些如烟的往事……

现在人们口中的南关岭，自然不是历史上的那个南关岭。

自明代开始，南关岭一度被叫作“三十里堡”。没错，和现在的三十里堡用的是同一个名，只是一南一北：南关岭被称为“南三十里堡”，而金州的三十里堡被称为“北三十里堡”。

可为什么叫“三十里堡”呢？

明朝时，大连地区兴建了不少传递信件的驿路，驿路设有驿站。对于驿站建设的要求是每隔十里地建一驿站，有“五里一台，十里一堡”的说法。明朝在金州设“金州卫”，由于这两个地方分处金州南北，与金州分别相距约三十里，所以南关岭得名“南三十里堡”，金州的三十里村得名“北三十里堡”。今日的南关岭和昔日的南关岭当年都设有驿站和烽火台。不过，两地驿站的旧址今天已经无处探寻了。

1903 年中长铁路建成通车时，在南关岭设了火车站。站点的名字采用了民间叫法，这样一来，金州南北就同时出现了两个“三十里堡”火车站。于是，令当局尴尬的局面就出现了：旅客时常因分不清楚站名或粗心大意而下错火车，货物也时不时被卸错了地方。

一来二去，南三十里堡火车站就不得不更名了，“南关岭”这个名字再次出现在大连的历史画卷中。

南关岭老站，现在已经拆除

▼南关岭曾经“很难过”

对于那些在南关岭生活了一辈子的老人来说，南关岭的过去曾染满了血泪。

80多岁的于老满头白发，说起那段历史时，他的手微微颤抖：“日伪时期的南关岭被叫作‘难过岭’，那是因为当时修建南满铁路，死了无数中国人啊！那时候，南关岭是进出大连的交通要道，南来北往的人都要经过此处，当年日本鬼子在南关岭建了一个岗楼，中国人过这个关口都要检查。很多途经南关岭的老百姓都被日本鬼子抓去当劳工修建南满铁路了，大量的劳工因为遭受残酷压榨而死去。”

“听老人们说，那时修铁路的劳工很多是‘海南丢’，都是逃荒过来的。劳工们没有衣服穿，就把水泥袋子披在身上。吃的都是橡子面，日本鬼子还不让人吃饱，说人吃饱了干活没精神。睡觉的地方就是草棚子，早晨经常能发现‘赖’床的，一扒拉不动弹才知道人已经死了。日本鬼子让大家把尸体都抬到死人棚子里。最可恨的是，他们连埋都不埋，就让尸体在里面慢慢腐烂。修一段路，几百人的劳工小队，能活下来的也就是百八十人。后来，过往的老百姓都知道了南关岭有日本人抓劳工，这一关难过啊，就把南关岭叫作‘难过岭’了。”

▼民族烈士阎世开

讲起南关岭，就不能不提民族烈士阎世开。阎世开是南关岭中沟村人，自幼聪明好学，博览群书。成年后，承袭父业当了一位私塾先生。他对家境贫寒者免收学费，誉满乡里。

从大连市档案馆的资料中，可以看到对阎世开的描述：1894年11月6日、7日，日军先后占领了金州城和大连湾炮台。11月17日，日军准备西进旅顺，前哨到达南关岭，在三道沟抓到阎世开。日寇见他仪表不俗，认为必是地方名士，便许以重金，让其指明大连至旅顺的山川地势及行军路线。阎听后，怒发冲冠，严词詈斥。日寇不解汉语，他便伸纸提笔，斥其侵略暴行。日寇继以战刀相逼，他面无惧色，挥笔疾书“宁做中华断头尸，勿做倭寇屈膝人”，并顺手拾起石砚朝日寇砸去。日寇恼羞成怒，惨无人道地将阎世开推至该村西山麓剖腹杀害，时年 37 岁。

阎世开被日军杀害后，他的弟子们及乡亲将他葬于村北向阳坡上，并树碑一块（原碑今已不存）。1895年岁首，沈阳盐运使张之汉闻之，认为阎世开乃“奇士”，其詈敌之笔“足以撑天地，泣鬼神”，因作歌一首以褒其节。歌曰：“……头可断，舌可抉，刃可蹈，笔可折，凛凛生气终不灭。吁嗟，阎生古义烈。……阎生发冲敌目笑，不能华语舌空掉，抽笔愤书忠义词，飞雪刀光迸出鞘，刀边骂敌怒裂眦，掷笔甘就刀头死。心肝攫出泣鬼神，淋漓血染山凹紫。”

阎世开墓

王国玉老人曾任南关岭大队书记，年轻时曾到中沟村去探寻过阎世开的事迹。“上世纪 60 年代，我去中沟村了解情况，那时经历过甲午战争的老人还有在世的，一位老人曾还原了当时的情景。当年日军抓去带路的并不是阎世开一个人，而是一群人。一路上其余的带路人都是战战兢兢、寡言少语的，只有阎世开怒骂倭寇，没想到日军里有一个能听懂中国话的，恼羞成怒的日本兵在路上将阎世开刺死。”

当兵出身的王老说：“一个教书先生如此有气节，是真正的英雄！”

1997 年，中共大连市委、大连市人民政府将阎世开墓地确定为大连市爱国主义教育基地。2001 年，阎世开墓由甘井子区南关岭街道中沟村迁至乔山公墓。

▼南关岭的今天“满血复活”

岁月不居，曾经被消亡、被湮没的南关岭，在几十年后的今天“满血复活”。

木材市场曾经是南关岭经济发展的重要组成部分。依托东北林业基地以及俄罗斯远东林业资源，大连木材交易活动一直非常活跃。上世纪90年代初，一批福建莆田人来到大连，在当时的南关岭中沟村填沟为地，建起了中兴木材市场。90年代中后期，作为南关岭木材市场的重要分支，中兴木材市场迅速发展成全市第二大木材交易市场。不过，随着城市建设的不断发展，南关岭作为进出大连的门户，几乎与城区连成一片，由于木材市场火险隐患巨大，污染比较严重，已经不适合在南关岭地区发展，为此甘井子区决定在革镇堡生产资料物流园区内按现代化标准新建大连木材市场。而在南关岭木材市场旧址上，一座汽车城拔地而起。

曾经的南关岭火车站，现在已经被大连北站取代了。在这里，六条新开设的公交线路打通了交通的脉络，再加上原有的六条公交线路，这里的城市公共交通可谓四通八达，而且，多种交通工具在这里实现了“零距离换乘”。

按照甘井子区《南关岭现代服务业集聚区规划方案》，南关岭一改“工业基地”的名头，有了全新的定位，“北站经济圈”的影响将直接使这里变成大连北部商业中心。

漫步南关岭，街边矗立着或新或旧的楼房。小街里，几位老人坐在檐下沐浴着夕阳之光。笔者与一位白发老人聊天，听他讲讲这里的故事，听听原来旧火车站旁那些老房子的悲欢离合。让人印象颇深的是，他说，不想离开这里，“城里再好，也没有这儿亲啊。”

今日南关岭高楼林立

大连湾

历史大戏中一贯的主角

杨鹏

隐约小土丘，先民有遗踪。
战火烧不去，铲车一挥空。
北洋重镇地，送人何用兵。
还来就渔获，轮船机声隆。

大连湾日益成为大连港不可或缺的辅助码头，此图是水产码头

▼老镇名片

大连湾街道位于大连市甘井子区北部，陆地面积近 70 平方公里，人口约 3.5 万人。

大连湾是连通大连市区与北部陆路交通的咽喉要道。原名柳树屯，1936 年改称大连湾。1945 年大连解放后，区划几经变化，1983 年改为乡，1986 年改为镇，2002 年改为街道。大连湾有 4000 多年前人类聚居群落遗址，有 1000 多年前的军事要塞遗址，还有近现代重要军事设施遗址，历史遗产丰厚。

大连湾享誉海内外，2007 年、2008 年蝉联辽宁省百强乡镇之首。

当市委党史研究室刘志民研究员拿出一张清军大连湾海防图时，笔者的脑海里关于大连湾的诸多不清晰之处在瞬间明朗。

于陆路，大连湾地区处于连接大连市区、旅顺与辽东半岛北部的蜂腰处，谁掐住了大连湾，谁就掐住了大连的咽喉；于海路，这里港阔水深，是“渤海之门户，旅顺港之锁钥”，谁占领了大连湾，取旅顺易如反掌。

所以，4000 多年前，先民们选择了大连湾东南黄海北岸的一个三面环海的半岛——大嘴子，他们在这里聚居成村落，耕种粳稻和高粱，饲养猪和狗，也会调制白色和红色的颜料绘制陶器，从而留下了一段古老而美丽的传奇。

所以，1000 多年前的辽太祖二年(公元 908 年)，辽人选择在这里“筑长城”，以防止日益崛起的女真部族与中原宋王朝往来。这道全长约 9 公里的长城，北起渤海金州湾南岸的土城子村古砬子海口，一路向南经后关村、前关村直到前盐村东的黄海海口，名为哈斯罕关。

所以，100 多年前的两次鸦片战争期间，想把大英帝国的旗帜插遍世界的英国人利用先进的航海技术，于 1840 年和 1860 年两次侵扰大连湾海域。尤其是 1860 年，英军万余人侵入大连湾，抢夺给养，强占民居，演练阵法。在这里折腾了一个多月后，他们会同法军入侵北京，挑起第二次鸦片战争，烧毁了举世闻名的圆明园，给中华民族留下了至今难以忘记的屈辱。

所以，才有了1879年，李鸿章上奏在旅顺兴建北洋海军基地。作为海军基地的一个重要组成部分，1887年，李鸿章在大连湾和尚岛修建炮台和弹药库，还将从德国购买的350门克虏伯大炮中的38门布署在和尚岛。炮台装备完毕后，大连湾成为了当时红极远东的海防要塞。

所以，1894年，日本人挑起中日甲午战争，也是先取大连湾再占旅顺。有人说，如果当时大连湾守将不是贪生怕死的赵怀业，则大连湾军民合力抗敌，等待内陆的援军，可保要塞不失，则旅顺可保，北洋水师不灭，就不会有《马关条约》；如果没有《马关条约》的3000万两白银赔款，则不会弱了中国，强了日本。

所以，大连结束了日俄两强侵占的历史后，大连湾渐渐地弱化了海防军事重镇的角色，慢慢转身，在新中国成立后，尤其是辽渔集团进驻大连湾后，这里成为了亚洲最大的渔港。

所以，在21世纪之初，随着中国一重、中远船务等大型重工业企业的进驻，这里一跃成为东北亚闻名的重工业装备基地。

大连湾，在绵延4000多年的历史长河中，一次次地成为历史的主角。鲜有一个地方像大连湾这样，具有如此强的主角意识。与其说大连湾的命运强悍，不如说是强悍的历史选择了这里。

▼4000多年前的古村落

大连湾的历史不仅书写了近代的沧桑，也孕育了古代的传奇。

在通往开发区的振兴路上，车流如织，很难想象在跨海桥南端，一座形似动物嘴肔的红色土丘竟然埋藏了4000多年前的古代文明。因为形似动物嘴，所以这里被叫作大嘴子。

大嘴子文化遗址是上世纪50年代发现的，由于种种原因当时并没有进行考古挖掘。1987年春天，修建大连通往开发区的振兴路时，遗址受到一定程度的破坏，于是大连市文管部门组织考古队，对遗址进行了抢救性挖掘、整理。在这次挖掘中，出土了大量古人类历史遗存和珍贵文物，共发掘出房址51座，灰坑11个，石墙4道，出土各类器物1600多件。出土的骨针、陶土和石头做的网坠等，都证明了大嘴子是个渔村，而且渔业经济相当发达。

大嘴子遗址将东北地区高粱的种植历史向前推进了千余年。据资料记载，考古队员在房址内发现了炭化的谷物籽粒，经鉴定为粳稻和高粱，为本地种植。这为中国稻谷东传朝鲜半岛和日本提供了重要证据，考古学家由此推测，这条传播路线应是从长江中下游—山东半岛—辽东半岛—朝鲜半岛—日本九州再到本州这样一条以陆路为主、兼有短程海路的弧形路线。大嘴子遗址成为这条线上名副其实的中转站。更重要的是，这里出土的高粱标本，是中国东北地区发现的最早的高粱实物标本。

本来考古学家们想仿照西安半坡遗址、沈阳新乐遗址，在大嘴子也建一处遗址博物馆，以重现4000多年前辽东半岛渔舟唱晚、农耕渔猎的美丽传奇，为大连留下这一宝贵的历史文化遗产。可是，时间进入了雨季，发掘工作暂停，考古队留下两名值班人员，其余人员撤离了现场。就在当晚，振兴路施工的推土机就开到了遗址，不顾考古值班人员的哭求强行施工，遗址在瞬间化为乌有。振兴路吞噬了大嘴子遗址的大部分，这处珍贵的文化遗址如今已经成为一处没有任何背景的普通高地，周围日益崛起的高楼和工厂让这片土地显得微不足道。振兴路上车流如织，如今很少有人知道，他们每天都会与地下 4000 多年的人类文明擦肩而过。

1997 年，大嘴子遗址被定为省级文物保护单位，但是除了遗址上树立的一块石碑，大嘴子在人们记忆中的消退速度，只消看大连人听到“大嘴子”三个字时的一脸茫然就可想而知。这种茫然与西安人提起半坡、沈阳人提起新乐时的自豪成了鲜明的对比。大连人从来没有停止过寻觅自己的文化血脉，却在不经意间湮没了那已经在手的文明之光，这让大连人的心头留下了永远的遗憾。

▼如果当年不失大连湾

与大嘴子的辉煌文明相比，海湾另一面的和尚岛则烙印了大连湾的百年屈辱。

1887年之前，这里叫柳树屯，是大连湾沿线的一个小渔村，三山岛列于门户前，离东西青泥洼村也很近，水深湾阔，地理位置相当重要。第一个将贪婪的目光瞄准大连湾的侵略者是英国人。笔者在《大连近百年风云图录》上翻阅到，1840年8月，第一次鸦片战争时，侵华英军头目查理·义律率舰队到达天津，向清政府提出了鸦片贸易合法化、割地赔款等无理要求，还借机侵扰了大连沿海，英军的这一次侵扰只为了窥探海口出入的路线。20年后的1860年，英军卷土重来，这一次他们选定在大连湾集结兵力，并将此作为了补充给养的军事基地，前后在大连集结的军舰达到120余艘，兵力万余。他们在海上操练兵士，拦劫船只，抢夺粮食。如今我们还能看见，1860年10月13日的《伦敦新闻》上刊载了随军记者的一组素描，图片记录了英军在大连湾登陆时的情景，不仅有当年大连湾的街景，还展现了民居内部的情形：有起脊的草房，向上打开的窗户，灶台设在火炕的旁边，居民大多布衣草鞋。更让人吃惊的是，侵华英军汉恩特舰长绘制的大连湾海图，在这幅图中汉恩特将大连湾改名为“维多利亚湾”，旅顺易名“阿瑟湾”。

英军在大连湾一带停留了一个多月，1860 年 7 月 26 日，离开大连湾开赴京津，与法军合兵一处，进攻北京，发动了第二次鸦片战争。在英军离开大连湾的两个多月后，10 月 6 日，英法联军攻占了圆明园，疯狂抢掠后，一把大火烧毁了这座万园之园。

也许正是因为英法联军的海上进犯，让大清的权臣看到了海防的重要，随后的 20 年间，李鸿章考虑建立一支强大的海军，他把目光对准了大连湾西南不远处的旅顺。从 1879 年到 1887 年，李鸿章的奏折中经常会出现大连湾的名字，所以有学者认为，大连湾之名是因为李鸿章而来的。

李鸿章耗费了近十年之力，在大连湾的和尚岛修建了东、中、西三处炮台，并在沿线布置了38门克虏伯大炮，最大口径达240毫米。那时，北至旅顺，南至厦门东南沿海都布置了从德国购买的大炮，而大连湾又是重中之重，被称为“北洋精华”，成为了与旅顺口、威海卫齐名的北洋水师重镇。

1894年5月，李鸿章在旅顺举行了声势浩大的北洋大阅兵，从现在能查到的照片上可以看出，当时的情形真可谓旌旗招展，声势浩大。阅兵历时十天，校阅了北洋驻旅顺、大连湾海陆各军，还邀请了英、法、俄三国的海军要员前来观阵，就连日本也派员参观。可是，李鸿章的这次阅兵没有镇住日本人，他们并不因为北洋的貌似强大而推迟侵华的计划。在同年的11月7日，日本人兵不血刃拿下了李鸿章竭力打造的“北洋精华”大连湾。

在《中日甲午战争全史》中，笔者翻阅到了日军随军记者龟井兹明的文章。龟井兹明是随日军第一师团长山地元治一路进军的。他在文章中提到，攻打大连湾的前夜，“因为要攻打和尚岛炮台，各军官兵士互相决心死战，有的把行李托付给战友作为遗物，有的把卷烟分发各人一支不剩，也不带午饭和干粮，悲壮凛然无一想生还者。”然而，当这群抱着必死之决心的士兵一步步逼近和尚岛炮台时，竟然没有受到一枪一弹的攻击。当他们登上和尚岛炮台时，看到的是空无一人的炮台，散落在地的枪支和装满弹药、引信还留在外面的大炮。日军的反应是“木然自失良久”，他们都不敢相信居然能够兵不血刃拿下了“旅顺之匙钥”。

原来，就在日军士兵忙着分卷烟的时刻，守卫和尚岛炮台的清军将领赵怀业却忙着“令人至烟台售其所存军米”，忙着在“大连湾码头自督勇丁运行李物什渡海作逃记”。就在山地元治的大军进逼大连湾的前晚，赵怀业不战而逃，率军奔向旅顺，将李鸿章经营数年的大连湾拱手让与日军，与炮台同时让出的还有大量的枪支弹药。日军一将领在日记中写道：“假若此炮台为日军所守，以一个中队可挡百万之敌。”可见，并不是北洋海军的大炮不够坚利，不够坚利的是将士之心，在李鸿章选择让赵怀业做守将的那刻起，大连湾的失守就已经注定，旅顺的失守以及后来北洋海军的覆灭也已经注定。

1895年，李鸿章在中日《马关条约》上

被日军占领的和尚岛炮台（选自《大连近百年风云图录》）

碧海山庄

签字，大连湾的这段屈辱从此烙印。日本人一边数着3000万两白银的赔款，一边在撤离和尚岛炮台时，拿走了大炮，炸毁了炮台。如今在和尚岛已经很难找到炮台的蛛丝马迹，只有留在大连湾林场内的一处壕沟，据说是当年运送弹药用的战壕，还有碧海山庄里当年的炮台遗址只余一片瓦砾。历史的痕迹就在这百多年间一点点地消散了，然而历史的教训是不应消散的。

有人说，历史有时是种种偶然的叠加。如果李鸿章不是任人唯亲，则赵怀业之流不能被委以大任；如果当时大连湾守将不是贪生怕死的赵怀业，则大连湾军民合力抗敌，可保要塞不失，则旅顺可保，北洋水师不灭，就不会有《马关条约》；如果没有《马关条约》的 3000 万两白银赔款，则不会弱了中国，强了日本；如果……可是历史没有如果，历史其实是偶然中的必然，它总是在那里平静地折射着今天。

▼小渔村的今天

姜有茂老先生是土生土长的大连湾人，他爷爷从山东闯关东到大连，他父亲出生在大连湾，可以说大连湾就是姜有茂的故乡。他说：“我的家乡大连湾，很美。”

姜先生所说的美，是他儿时与小伙伴一起赶海的鲜美，也是他与哥哥一起拖刀鱼、甩鲅鱼的劳作之美，更是几十年来故乡日新月异的发展之美。

2014 年中秋节的前一天，笔者来到大连湾采访。走振兴路在大连湾下道，车一拐进大连湾街里，迎面吹来的风中饱含海鲜的味道，让你鼻子里的细胞亢奋起来。时值渔季，渔民们在海边补网，出海回来的渔船停靠在码头，街边大大小小的海鲜饭店生意火爆。

大连湾海产丰富

姜有茂记忆中的家乡大连湾是一个盛产各类海鲜的天堂，那里的海蛎子被称为大连湾牡蛎，在百度百科上是一个特有的词条。大连湾牡蛎因其产地在大连湾附近海域而得名，因肥大美味而享誉中外。

每年11月至翌年4月是大连湾海蛎子成熟期，姜有茂说："我们小时候经常去赶海，海蛎子、海麻线、小蟹子，一个潮能捡一大筐。回到家里用海蛎子下面条下疙瘩汤，根本不用放油就鲜得不得了。还有海麻线包子，至今一想起那个味来都馋得不得了。"

每年渔季开始时，渔船出海捕鱼前在渔港里有个仪式，船上挂满了各色小旗，一艘艘帆船一字排列开来，鞭炮齐鸣，气势壮观。出海的船队会远行到舟山、烟台、天津、锦州等地，捕获的鱼就在当地销售一空。在姜有茂的记忆中，大连湾的居民勤劳肯干，"大人小孩没有闲着的，我那时小，就和哥哥一起到海上去拖刀鱼，有时一潮能拖十几二十斤，然后卖给鱼行，挣的钱就补贴家用。"

上世纪三四十年代，大连湾街里有东西两条比较繁华的大街，街上有很多老字号海鲜饭店。姜有茂还记得那时街里有一种烧饼很有名，人称大连湾烧饼，"这烧饼皮薄、夹糖，香脆可口。"他说。大连湾人安居乐业的精神让大连湾能够在后来的发展中得以抓住机遇，一跃成为亚洲有名的渔港，能够在21世纪之初就成为大连装备制造业基地。

如今，大连湾老镇的居民们一部分过着渔港人家的小日子，一部分进入企业当上了工人，安居乐业。大海博大的精神涌动在大连湾人的血脉中，大连湾与时代并行，依然是时代舞台上的主角。

坐落在大连湾的造船新厂

三十里堡

百年水塔见证老镇沧桑

刘爱军

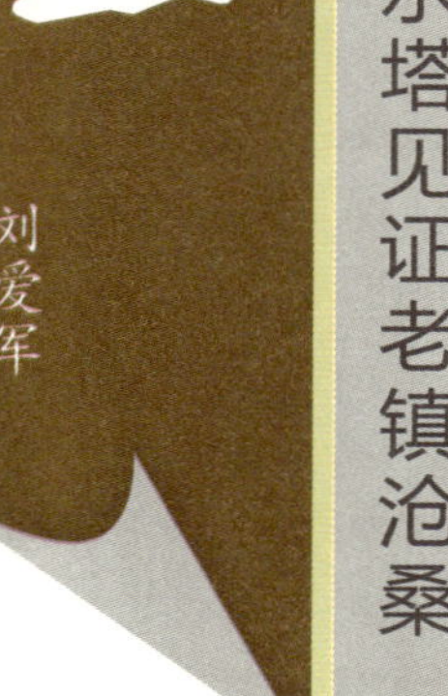

烽火三十里，守望金州城。
曾觅将军第，又见文曲星。
东邻多跋扈，朔风岂宽容。
水润百年塔，果香老驿名。

三十里堡全景

▼老镇名片

普湾新区三十里堡街道位于中国辽东半岛南部，总面积180平方公里，总人口56417人。

三十里堡是百年老镇，2005年10月由镇改为街道。三十里堡街道南3公里处有明代驿站（烽火台），距金州古城30华里，故名三十里堡。三十里堡街道是全国小城镇综合体制改革试点单位，曾经被评为辽宁省经济百强镇。

▼三十里堡是个好地方

在大连历史上，以金州古城为中心，向南向北各有一个名叫三十里堡的地方，它们距金州城也确实是30华里。北三十里堡就是今天的三十里堡街道，南三十里堡其实就是今天的南关岭街道，之所以南三十里堡易名为南关岭，是因为两地都在哈大铁路线上，为了避免引起混淆。

三十里堡，一座百年老镇，它的归属在历史上屡有变化。在清代，它属金州厅雨金社。沙俄侵占时期，三十里堡属“关东省”郭家岭行政区。日本侵占时期，三十里堡属“普兰店管内”四道河子会、三十里堡会、老爷庙会和“金州管内”岔山会。1945年日本投降后，三十里堡归属新金县，是新金的一个区。1946年，三十里堡又重新划归金县管辖。2010年，三十里堡成为普湾新区管辖地之一。

三十里堡开发较早，物产富饶，所产苹果名扬海内外，是辽宁省的经济强镇。无论是经济实力，还是发展潜力，都居大连各乡镇前列，是一个四方艳羡的宝地。所以，三十里堡人常说：“俺三十里堡是个好地方，大家都争着要。”

▼无语水塔见证往日时光

时光倒流，南满铁路线上，南来北

镇上的老房子，仍保留着朴素之风

往的火车经过三十里堡火车站时，都有一个必要的步骤：为蒸汽机车加水。如今依旧伫立在火车站旁的圆柱式水塔，建于1900年，储水100立方米。孙盛和曾经负责研究当地的地下水，他说当年沙俄殖民者修建铁路，曾充分考虑了三十里堡地区的水质。“这里的地下水，水质极好，不含镁、钙等矿物质，在火车机车的锅炉内加热不会产生水垢，可以大大延长铁路设备使用寿命。”

老一辈人谈起三十里堡，都对当年的日式火车站和水塔印象深刻。悠悠数十载过去，当年的旧式火车站已经被改造成现代味浓厚的火车站。和辽南所有的铁路沿线小镇一样，都把火车站作为城市建设的起点，着力布局，形成规模。三十里堡火车站广场周围的建筑基本保持原貌，但是功能已经变化：邮电局成了民居，派出所变成了酒店。孙盛和回忆，20多年前，他在邮电局工作，有一天，一位日本老妇人缓缓走进了邮电局，说当年她父亲是这里的邮电所所长，她是父亲手下的一名邮递员。

当年，住在三十里堡的日本人能在镇里谋到一份工作，而当地中国人的生活要艰难得多。葛兰是三十里堡镇山后村人，当年，刚刚16岁的她和其他四个同伴一同去北边日本人开的瓦房店纺织厂工作，刚到厂第一天，就看到一个女工因为报错名，被日本工头毒打的场面。几天后，她就领着四个姐妹偷偷地跑了，在瓦房店火车站买火车票时，因为又急又怕，她把“三十里堡一张票”，说成“三十里屁一个炮”。她说：“当时吓得嘴都打瓢了。”老人现在想起来也笑，但是隐约露出身逢乱世的苦楚和无奈。

告别蒸汽时代，火车站旁的水塔功能被废，如今成了文物，被保护起来。塔前的银杏树依旧婆娑，在风中低诉过往沉浮。水塔里的水代表优质水源已成为当地人根深蒂固的看法，想换房、买房的三十里堡人都会问一句，“那房子是铁路水，还是地方水？”孙盛和说，铁

老镇在似水流年之中老去

路水，水质好。

孙盛和曾用十多年时间来研究三十里堡的水质，他说以铁路为界，铁路以东，多为花岗岩地质，其中蕴藏的地下水是偏硅酸的矿泉水，富含锌、锶等矿物质，具有软化血管等功效，大王山一带的地下水甚至已经具备国家级矿泉水开采资格。

▼苏联红军留下的故事

乔太嶽是三十里堡街道的档案管理员，刚刚被评为全国最美乡镇档案员。他手里保存着几张珍贵的老照片，其中一张就是在三十里堡火车站前，一群人正在集会，图片标注为："1948 年，苏军纪念十月革命胜利。"另一张照片是一身戎装的苏联军官在一座民房前留影。乔太

如今的三十里堡火车站已不复当年繁忙气象

嶽说，从1945年8月到1955年4月，苏联红军曾在三十里堡驻扎了近十年。

驻扎在三十里堡镇上的苏军军官

逃离瓦纺后的葛兰在1947年到苏军开办的洗衣房工作，和她一起工作的有十几个姐妹，大多十八九岁，负责为苏军战士洗衬衣和衬裤。“当时他们并不给我们发工资，只是按月给我们鱼盒子、肉盒子，就是鱼罐头和肉罐头，还有黑列巴。”衣物打上肥皂，用手搓洗并不是一个轻松的活儿，有时一天下来，她累得回家一头扎到炕上，不愿起来。

洗衣房里有一个苏联工头，平时没事老找她们聊天，两年下来，葛兰和姐妹们的俄语水平见长，眼前话难不倒她。几年前，在金州的一个商厦，在她前面有两位俄罗斯马达姆（中年妇女）在那里哇哩哇啦地讲话，她回头告诉女儿，说她俩嫌卖的衣服太小，穿不上。

当年，三十里堡每到周末都有舞会，很多苏联军人、家属和当地中国人一起联欢，双方走得很近。20岁不到的葛兰认识了一个叫柳夏的苏联小女孩，“柳夏中国话说得非常好，她跟我说就爱吃中国人的饺子。她是个小调皮，有时玩野了，回家晚了，她爸爸就骂她，她就用学的中国话骂她爸，反正她爸爸也听不懂。”小柳夏也和中国小伙伴玩，有时玩恼了，就用中国话骂：“熊样儿，你怎么不叫大板儿车把你压死。”

后来，小柳夏要随军返回苏联了，临行前，她爸爸拿出照相机，为葛兰和柳夏合了一张影。现在，这张照片还保留着，照片上的柳夏穿着中式童装，小脸圆滚滚的，很是可爱。

生活在同一个镇上，彼此文化不同，互有好感，又互相好奇。在洗衣房里，苏联工头就想看看中国女人的缠足脚，惹得洗衣女们不快和惊恐。

曹世业的俄语也说得挺溜，最熟的就是“黑列巴够食够食（给块黑列巴）”，另外骂人话也学了不少。他说苏军和当地居民也有冲突的时候。有一次，在一条小窄道上，一位名叫李廷奎

苏军在三十里堡（1945～1955）时期，苏军活动曾是镇上一段重要历史

的老人正在捡粪，两个骑摩托车的苏军士兵鸣喇叭叫他让道，可是老人耳聋，听不见，那两个士兵就下车推搡老人，老李头顺口就说了一句“咴”，士兵以为老人在用俄语骂他，上去动手打人。这时一位姓曲的青年正好路过，一身功夫的他上去，三拳两脚把欺负老人的苏联兵打倒了，把他们的枪扔到沟里后，便跑掉了。

1955年，苏军撤离时，曹世业也去参加欢送会了，他记得进入会场后，还吃了一些花生。

▼南文北武　首次授衔时有位金州籍将军

曹世业曾是三十里堡镇的文化站站长，他说在三十里堡中心镇，南面的西三十里堡村出了一个清末书画家李东园，北面的老爷庙村出了一个开国中将万毅。

有关李东园的历史记载并不很多。有资料显示，他原名李西，又名李耿昌，字东园，自号石竹山人，又号少白、南北散人，是著名书画家、金石学家。自幼喜好书画，其“四笔画驴”被传为佳话。曾以国学生选翰林院侍诏。李东园一生甘做布衣，不求闻达。晚年悉心作画，所画梅竹兰挺健多姿，天然朴实，文雅绝俗，少而不疏，多而不乱。

大连作家孙传基老人说，李东园一生自认为清朝遗老，追随逊帝溥仪，他曾为溥仪制百寿图章。适逢日本天皇生日，溥仪为了讨好日方，将百寿图章献给日本天皇，这让李东园既伤心又生气，说中国的东西怎么能轻易送给外国人，于是自己又刻制一套，留在国内。此举彰显他的民族气节，为后人称道。因为李东园的才识、气节，连大军阀张作霖也对他尊敬有加，曾特意拜访。

“不怕一万，就怕万毅。”这个流传于敌军营中的口头禅见证了一位共和国名将的骁勇善战。万毅是满族人，原名万允和，12岁就离开家乡加入了东北军。在加入中国共产党后，成为一名战功卓著的军事将领。新中国成立后，万毅担任过解放军炮兵第一副司令员兼东北军区炮兵司令员和军委炮兵学校校长、国防部第五部部长、国防科委副主任等职。

1955年，万毅被授予了中将军衔，是当时唯一的金州籍开国将军。

1997年,90岁将军万毅在北京逝世。胡耀邦同志曾为他亲笔题词：“赤胆忠心，无私无畏，钢筋铁骨，长命百岁。”

1996年，另一位出生于三十里堡的军事将领隋永举晋升为上将，成为百年老镇历史上的第二位将军。

▼九园苹果最有名

这里是“果王”的诞生地，创下单株产量的世界纪录；这里是“苹果之乡”，曾受到党和国家领导人的赞扬，名扬海内外。

“三十里堡”“九园”成为三十里堡街道响当当的品牌，有关苹果的故事，也为人们所津津乐道。

据史料记载，在清光绪三十一年（1905年），从日本引进的苹果、梨、樱桃等水果苗木就开始在三十里堡等地进行栽培试验。

1911年，日本资本家在金州火车站、三十里堡火车站附近建立了多处果园，栽植果树近三万株。苹果成为果树中的主要品和，1920年以后，有的果园亩产超过500公斤，因为其产值比种粮食作物高出20多倍，所以人们称苹果树为“摇钱树”。三十里堡富户曲永利、徐芳平和孙荫堂等人开始种植果树。孙荫堂的果园就在国有农场的老九园里，当年种下的果树直到2011年才被伐掉。

到上世纪30年代，三十里堡已经成为亚洲著名的苹果产地，并开始出口到欧洲和日本。

正当出口势头迅猛之时，日本当局开始发难。1934年，其农林省以“防止满洲苹果姬心食虫侵入”为由，禁止三十里堡苹果出口日本。但是这没有难倒三十里堡的果农们，他们千方百计，想尽办法防止病虫害，严格检验检疫，以优质安全的苹果，再次赢得信誉，重新打入国际市场。

1945年至1948年，苏军进驻金州，原属日本资本家经营的果园中的果树多被苏军砍伐作烧柴，但是品尝到苹果的美味后，苏军便开始从三十里堡购买苹果。

三十里堡苹果个儿大、皮薄、肉脆、酸甜可口，其中最有代表性的是九园苹果。所谓九园，是指三十里堡国有农场的第九个果园。三十里堡国有农场大名鼎鼎，1958年，周恩来总理为这个农场颁发了社会主义建设先进奖状和锦旗。老一辈的三十里堡人都说，九园就那么几棵树产的果最好吃，是三十里堡苹果中的极品。因为名声太响，至今，许多别的地方的苹果商贩有时也信口胡说自己的苹果是九园果，借机抬价，三十里堡的果农们也在为如何打假保护自己的权益而伤脑筋。

三十里堡的苹果闻名全国

曹世业说："都说九园苹果好吃，一是因为那里土质好，是沙土地，二是因为水好。除此之外，果农也是下了很多功夫的。我上小学时，就曾经去施肥，常常是先铺一层大粪干，再加一层泥，再加上一层豆饼，最后又加上一层泥。那树冠大得四五十个人都抱不过来。"据金州博物馆馆长徐建华说，当时为了让果树得到充分的营养，果农们在果苗周围挖出一丈见方的深坑，然后倒入用清水煮过的猪骨和豆饼。

"真正的九园国光苹果，用刀一切两半，黄色的内瓤，半天也不变色。"老曹说。

九园苹果最高单产1357.5公斤，创下当时苹果单株产量的世界最高纪录，时任国家副主席的王震为这棵果树题词："苹果之王，世界之冠。"1969年，在中共九大召开前夕，九园苹果作为特供果品被空运到北京，这也成为老一辈三十里堡人的骄傲。

老三十里堡人都知道，在三十里堡火车站稍北一点，两条铁轨向东延伸，叉向一边，终点就是当年的三十里堡果品公司的大仓房，当年出口的苹果都在这里装车运输。

近几十年来，三十里堡苹果一直是农民增收和农产品出口创汇的主要来源。葛兰老人当年曾帮助镇上挑选用于出口的苹果，她说把左手虎口张开，握住苹果，右手伸出三个手指一比画，就叫"一虎三"，其实就是测量苹果的半径，一虎三以上的苹果就算是大苹果，可以备选出口了。

三十里堡的老人还记得不同国家人的口味。“苏联人口重，喜欢吃酸的，要的都是国光、香蕉、印度(音)等品种。东南亚人喜欢甜的，所以吃红玉、黄金、黄元帅比较多。”曹世业说刚开始苏联人不太明白，他们喜欢又大又红的窝锦苹果，其实那种苹果最酸，当地人一般都不爱吃。

或许是百年老树生机不再，或许是菜果利益难以权衡，由于各种原因，九园苹果园已经消失了，但是九园作为苹果的品牌却传承下来。近些年来，随着人们口味的变化，三十里堡苹果也不仅仅是原先的国光、红玉和黄元帅等老品种，三十里堡街道党工委书记吴建昌说，现在三十里堡果农已经成功地引进了包括红国光、旱金冠和长富2号在内的200多个品种，尤其是最近引进的富士、嘎拉和津轻都已经形成规模，弘前、山沙和等新品种也在取代老品种。三十里堡街道也为果农们注册了九园、福玉、三十里堡等多个商标。

三十里堡的苹果从来不愁卖，每年果在枝上时，就有数不清的订购电话打来。别的地方的红富士苹果大都在10月左右开始采摘，但是三十里堡的红富士采摘时间是在11月份以后，果农们宁愿让自己的苹果在树上多长一阵儿，避开所谓的销售旺季，就是为了让苹果充分成熟。如今，三十里堡街道苹果栽植面积已达2万多亩，年产量2.5万吨。2003年，三十里堡国有农场成为“大连市绿色食品基地”，其富士苹果通过国家“绿色食品”认证。

百年老镇，果香醉人。

百年老镇，果香醉人

石河

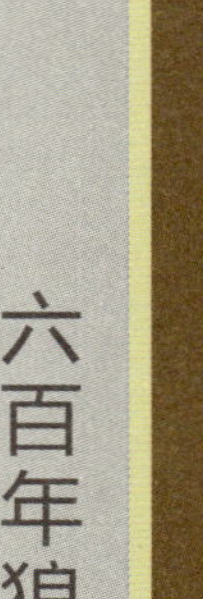

六百年狼烟古驿

杨鹏

几见河中水涓涓，曾闻古驿起狼烟。
豺狼蓄谋兵工厂，苏军拆光未归还。
管制长线穿城过，岗里岗外各一边。
各族居民长乐业，古树新枝谱新篇。

从山上俯瞰石河全景

▼老镇名片

石河街道位于渤海普兰店湾南岸，面积87平方公里，人口4.9万人，其中外来人口2万人，满族人口占42%。

石河属山地丘陵区，间有小块平原，东部山区地处小黑山北麓和莲花山南麓，北部沿海多平坦洼地，近海滩涂大部分辟为盐田。

石河街道交通便利，202国道、滨海路穿境而过，沈海高速公路、哈大铁路线、哈大客运高铁专线以及大连市轻轨3号线在石河都设有站点。

石河街道是全国小康建设明星乡镇、全国少数民族经济发展示范区、全国小城镇建设试点镇、辽宁省综合经济实力十强镇。

▼石河驿：风化的石台记载着600多年的刀光剑影

石河，这两个字最早出现在史书上的时间，可能要追溯到明代。据《金县志》记载，明成祖永乐十四年（1416年），有一个叫刘江的辽东总兵，在今辽阳至旅顺一线修建驿道，共设12处驿站。在今大连境内有驿站七处，分别为旅顺驿、牧城驿、金州在城驿、石河驿、栾古关驿、复州驿和五十寨驿，并建烽火台131处，派兵把守，常年备战。有了驿站，慢慢地便有了集市，后来聚居的人多了，石河老镇也渐渐发展起来。

我们现在并不知道这一工程用了多少年，也不知道石河驿烽火台上狼烟燃起了多少回，但是石河驿坚毅的形象，却被史书上短短的一段记录而烙印下来。1416年之于石河驿，成为一个历史的节点。

而石河被历史记录的另一个重要节点，则是500多年后的1945年。那一年的8月22日，一队苏军官兵坐着火车，顺着中长铁路南线抵达石河火车站。同一时间，苏军后贝加尔方面军副司令伊凡诺夫中将率领250名空降兵降落在旅顺土城子机场，雅曼诺夫少将率领250

名空降兵降落在周水子机场，形成了对大连日军的控制。那天以后，自辽东半岛西岸侯山岛湾（今普兰店湾），向东经石河驿至杏树屯的邹家嘴子，到辽东半岛东海岸为一线，此线以南的陆地部分以及长山列岛为苏联红军军事管制区，这就是民间俗称的“岗里”，这条线以北的地区属于新金县，民间俗称为“岗外”。在解放战争时期，由于这条线的特殊性，国民党军队不敢靠近，东北民主联军充分利用这一优势，把这里变成了安全的大后方，这条线也因而被称为“屋檐下的解放区”，为东北的解放做出了重大的贡献。

岁月又走过了悠悠70年。走在石河老街上，遥望山间，经历了600多年风吹雨打的古烽火台依然挺立，这是辽南地区保存最完好的一座烽火台。春来，烽火台下杜鹃漫山开放；秋末，山峦层林尽染，红叶陪伴左右，风景这边独好。石河村东沟乡村旅游景区的郭占义总经理曾经为古烽火台做过一首七律：

石河古驿伫烽台，怕起狼烟急报来。

战火无情殃百姓，后人临处理余哀。

沧桑流转山河变，岁月更移福祉排。

再上残墙观美景，八方游客尽开怀。

短短数语，道尽古烽火台600多年来所见证的悲欣与欢喜。

在老镇上，除了九莲寺建于唐代的三间庙宇和邓家沟老孙家的百年老宅，这烽火台和石河火车站可以说是年头最久的两处老建筑。它们就像

烽火台

一对历经风雨的老兄弟，早已不是历史的主角，寂寞中遥遥相望，曾经的雄性与辉煌只能留与后人评说。

▼石河的由来

《金县志》上记载，石河驿堡筑有城垣，周围绕一里有余，南北两门，为“金州卫”北辅司，有兵士驻守。驿站前有一条季节性河流，发源于小黑山北麓，经东沟流入普兰店湾。河流无水时，河床布满了流石，故称“石河”，石河驿也因此而得名。

石河驿建立在金州城与复州城之间，无论是金州城还是复州城，历史的久远、城市的知名度、名人巨贾的数量都远超石河驿，但就是因为地理位置的重要性，石河成为连接两大辽南重镇的纽带和中转站。

明末清初的70年间，因为连年战争，人口逃散，城池荒废，辽东半岛南部沃野百里，可惜有土无人。清顺治十年（1653年），清政府颁布了《辽东招民开垦定例》，实行招民垦殖政策，将招来的移民全部编入旗籍，计民授田，发给耕牛和种子。也就是从那时起，在前后300年的时间里，大量人口迁入大连地区。石河地区的居民，也是从那个时候移民过来的。

1987年至2002年的15年间，石河镇曾改名石河满族镇，可见镇上的满族人占有相当大的比例。

在镇上一个老小区里，笔者见到了九旬老人奚明玉，他是地道的满族人，退休前曾在石河的东沟小学当了37年教师。奚明玉说，他家属于满族正黄旗，至于是什么年间从长白山迁至石河的，他也不甚清楚。

石河地区的满族居民大致有关、赵、白、奚、南、何等姓氏。清顺治十年，清政府陆续分拨京城八旗兵员和长白山八旗居民来大连地区戍边，现在石河的满族人大多是这些八旗移民的后人。

石河地区非八旗移民主要来自鲁、苏、闽、浙，尤其以山东地区“闯关东”的移民最多。与奚明玉老人一楼之隔的房金玉老人就是“闯关东”的后代。房金玉比奚明玉还要大上两岁，老人身体很好，与老伴一起走过了70年的婚姻岁月，育有两子三女，四世同堂，真是让人羡慕。

▼“屋檐下的岗哨”

房金玉老人经历丰富，是石河村最长寿的老人之一，可以说是石河村的一部近现代史。房金玉说：“我6岁时，随着父母从山东义州府挑担来到石河驿的东沟村（石河镇原来有石河村和东沟村，后来两村合并，现叫石河村）。那时的东沟村只有不到100户人家。我不到10岁就给地主家放猪，生活很苦。”

房金玉记忆中的石河老镇商业并不

繁荣，逢年过节或是有重要的事情才会到镇上一趟，镇上的商家不多，规模也都不大。镇上有名的老字号是一家叫作“中兴和”的糕点店，“他家的烧饼和点心非常好吃。”

日本殖民统治时期，镇上以石河火车站为中心，旁边不远就是日本人的小衙门。那是一排小平房，小衙门的长官是日本人，手下有一帮中国人，老百姓管这些工作在小衙门的中国人叫“二鬼子”。如今，这片房子早已经拆除，可那段被奴役的日子却是忘不掉的。

1944年，24岁的房金玉娶了媳妇。第二年，苏军就来了。苏军的哨岗设在东沟村，房金玉现在依然能够准确地说出哨岗的位置，“就在五队房后，那有一排房子，就是苏军驻扎的地方。”老人已经习惯了用生产队来区分地理位置。那排房子如今残存下来的只有几间，闲置着。房顶长满了蓬草，周围被老百姓种上了玉米、长豆角、花生、南瓜等作物，样子与普通的民居没有什么大的区别。

“最早来的那一批苏联兵不太像话，干了不少坏事。不久后，这批士兵就被调走了，后来的士兵军纪严明多了。村民们开始都不敢靠近岗哨，只有拿着通行证才可以出入。”房金玉说。

在现在能够查到的史料中，刊载于《党史研究》上的一篇署名赵杰的回

当年苏军留下的兵营

忆性文章《回忆大连解放初期的公安工作》，文中曾经提到1945年10月，从山东渡海来东北的解放军干部是怎么通过这道“屋檐下的岗哨”的。

那是1945年10月23日下午，一行8人被吕其恩部队接应上岸后，由普兰店去大连。未动身前他们曾派人去大连方面联系，并请大连方面派人到苏军关卡石河驿接应。文中描写道：“我们按预定时间来到石河驿关卡。这时关卡处有一位苏军军官、两个士兵和两个穿便衣的中国人向我们走来。翻译便把我们的身份、来意向苏军军官讲了，这时苏军军官及士兵都伸出大拇指表示欢迎我们，并说‘是毛泽东的人’，态度非常好，还向我们要毛主席纪念章留作纪念。可在当时哪有制作毛主席纪念章的条件啊，只好通过翻译向苏军军官说明情况，并讲了些友好的话。”

像赵杰回忆的事，在当年有很多。正因为东沟村特殊的情况，所以共产党的组织在这里发展得很快，群众基础也很好。“1947 年，国民党新六军攻打普兰店，村上的青年组织起来，去帮民主联军抬担架。三天三夜的战斗打得很激烈。”这是石河地区历史上比较大的战事。

▼曾经只剩“3860”的石河村，十年间建设成了城市后花园

触摸石河老镇 600 多年的历史，石河经历的狼烟与战火一直让这座老镇刚毅有余而秀美不足，这与笔者对老镇的第一印象并不相同。先不说站在小黑山上一览石河全貌时的震撼，就是沿着那

石河水库

条穿境而过的石河溯源而上，美丽的东沟水库，全长十几公里的木栈道，青砖绿瓦的农家乐，浓厚民俗味的五坊，都让人有种置身于城市后花园的感觉。

据了解，石河村的变化大概是从2003年开始的。十年前，这里的姑娘嫁出去就不愿意再回来，有点儿能力的小伙儿都外出打工，村里剩下的都是“3860”，就是妇女和老人。后来村里修公路，发展旅游产业，鼓励发展农家乐等等措施，把走出去的人拉回了村里。如今的石河村有工业、农业和旅游业。为了填补冬季旅游项目的空白，一个大型的温泉休闲度假区在2013年7月已经落成开业。石河村的特色发展，让它被评为全国休闲农业与乡村旅游示范点、中国最有魅力休闲农村、全国生态文化村。

笔者曾经在几年前接触过石河村的几位年轻人，他们中有带领村民奔小康的“娃娃村长”王克欣，有脱掉制服回家创业的“东沟蛋哥”刘斌，还有经营农家乐的奚慧敏……这次写老镇，又遇“东沟蛋哥”刘斌，现在远近的人们都称他为“蛋总”了。虽然刘斌脸上的皱纹多了，但是他的跑山鸡养殖事业却小有成就，蛋的销路越来越广。

现在的石河，地理位置的优越性更加凸显，沈大铁路、哈大公路和沈大高速公路穿境而过，石河成为了东北腹地与大连间的交通要道。

春来，石河小黑山上的杜鹃花盛开，花开到极盛，美得让人痴迷

▼回忆

两个老人的回忆揭出一段石河秘史：石河境内曾有一个建设了七年的日军兵工厂。

1945年对于石河老镇是一个重要的年份，几乎所有经历过的人，都深深地记忆着那一年，那些事。

奚明玉老人在1945年的春天从公学堂毕业，秋天日本就投降了。他记得有一天，人们都上了街，街上有成群结队的劳工往北走。这些劳工是从哪个工厂里出来的？他说不清，也许是三十里堡，日本人当时在那计划修建飞机场。

从三十里堡到石河有一段距离，那儿的劳工如何走到石河街里？温廷玉老人给出了答案，也随之揭开了石河老镇里一段鲜为人知的秘史。

见证历史

温廷玉老人现在居住在大连市内，退休前在大连公检法系统工作。老人向笔者讲述了自己所亲身经历的一段往事。

在石河老镇街里靠近罗屯的地方，日本人前后花费七年时间在那里经营了一个大型军工厂，叫“关东州石河三菱株式会社”，里面使用了大量的中国劳工。温延玉1942年到军工厂的养成所学习，用现在的话来说，养成所就是技工学校。

温廷玉老家在普兰店，祖上是从山东登州府闯关东来到大连的。普兰店有个公学堂，中国学生想考上很难，而温廷玉就是学堂里少数中国学生之一。1942年公学堂毕业那一年，三菱军工厂的养成所到公学堂来招考，包括温廷玉在内的50名学生被招入养成所。当时普兰店公学堂的副校长雄城到养成所任校长，另外还有三个日本教师内山、小山、岩松和一个中国教师付天治。

进了军工厂，温廷玉逐渐了解到，日本人想长期霸占大连，准备用三四年的时间在石河经营一个北大连。这个军工厂就是计划的一部分，其总部在日本的大阪。军工厂主要是利用海水提炼卤水，制造铝锭，以此为材料制造飞机用的轻铁。这个厂的规模很大，一直扩展到三道湾，原计划用七年时间建成。日本人还从石河火车站修铁路直通厂里，并修成了站台，不分昼夜地运送各种物资。军工厂里有十个大仓库，面积约有一万平方米，用三角钢构造铁架子，使用石棉瓦，以防起火。军工厂防卫禁严，养了很多大型军犬，中国老百姓是绝不允许靠近的。

从厂外通往厂内的工程除了铁路，还有管道建设，这些管道主要是引海水入厂。这部分工程都是由劳工完成的，他们的生活极为艰苦。

中国学生在养成所的生活除了学习，就是军事训练，“用那种木头枪，枪头上带胶皮，练习刺杀，一个星期三次军事训练，都是日本人监督，练不好会受到惩罚。”

养成所的伙食待遇不错，学生衣食住均由工厂供给，每月还有35元的工资，主食主要是玉米面窝头，每天早餐两个苹果，两段咸青鱼。

在养成所学习了三年，当时的计划是这批学生要被送到日本大阪继续学习，可是随着战争的发展，1945年8月15日，日本宣布投降。此时，日本人设在石河的三菱军工厂根本没有来得及反应，苏联军队已经控制了军工厂。厂里的劳工和学生被苏军解散，“劳工们顺着大道一路向南走，很多人。”温廷玉的一句话和奚明玉的讲述不谋而合，互相印证了1945年8月22日，石河解放的那一天。

笔者不由得在脑中想象，那天的石河老镇大街上，不一定有锣鼓喧天，但一定有人们重获自由的呼喊。

九莲寺的唐代石碑和千年皂角树

石河地界上有两座山，一座是小黑山，一座是九莲山。九莲山上有座寺庙——九莲寺，寺中有两个宝贝，一个是一截唐代石碑碑头，传说此碑是皇帝钦命制造的。历经岁月沧桑，石碑现在仅剩下一截碑头，安放在九莲寺最上头的三间大殿的殿前。

在石碑的正对面，是一棵相传有着千年树龄的皂角树。相传“文革”时期，此树曾遭红卫兵锯伐，不料树枝断裂砸伤人，愤怒的红卫兵用火焚烧老树。谁料，30多年后，这棵当年被烧死的老树又重新发出了新芽。

（图由石河村东沟旅游景区提供）

九莲寺

亮甲店

望海埚抗倭大捷

张庆国

明瓦青砖都作土，不废豆菽溢芳芬。
花生远销国内外，小米能叫口生津。
仁贵行军晾衣处，烽火烟消好乾坤。
古刹新颜武技真，千年再起抗倭人。

铁路让老镇繁荣起来

▼老镇名片

亮甲店镇位于金州区东北部，面积91.73平方公里，人口29690人。

亮甲店有明代抗倭古战场，也有人类文化遗址——老蚕场遗址。

“小桥流水人家，市列珠玑不哗，名宅深深几许，篷船桨声咿呀。”这说的是江南古镇，那些绿水晶莹、石桥飞架、轻舟穿梭的小镇，那些青石绕着弯弯曲曲的河岸错落排列开来的村落，那些鸡肠小街两侧伸手可以触摸的青苔，那些雕花的吱呀作响的厚实大门，让人心迷神醉。而北方的古镇，似乎从没有过一个完整的穿越历史的身影，尤其是大连的古镇，留给人们的总是断壁残垣、只字片语，难以见到能保持原貌的建筑，难以见到不断修缮、仍在使用的街巷。我们只能在它一次次的脱胎换骨中，感受那悠远沧桑的历史；只能从老人们的口口相传中，模糊地追忆着它曾经有过的辉煌或者壮烈。

亮甲店就是这样一个地方。它就像一幅绵长的卷轴，每一块斑驳残缺的青石上都刻画着古老的故事。那始建于明代正德元年的真武庙，尽管已经因为历史原因而重建了，但那字迹斑驳的碑记见证了亮甲店曾经的抗倭历史；望海埚城现在已经见不到任何“城”的模样，仅能够从当初金州区政府立的区级文物保护石碑上才知道这里曾经是一座城池的遗址，但听当地的老人们娓娓述说当年的烽火台、城墙，仍让人心旌摇荡。

去亮甲店似乎有点远。

奔沈海高速出大连市区，至金州下高速往亮甲店方向，很快便可见亮甲店的路标，循路标前行，过了一个个小村落的指示牌，打了一路的电话，总觉得似乎开过了，或者走了岔路。实际上，路还远。

抵达的时候，正是冬日午后。难得的晴暖天气，让这个老镇看起来温情脉脉。国道两侧，一边是整齐的田地，一边是大片整备完毕等待开发的园区用地。沿着老镇中并不宽阔的土路走进去，可以看到跟在老汉身后信步的骡马，它们用温润的眼睛看着我这个陌生的外来客。或高或矮的院墙挡不住人们的视线，不少人家的院子里都立着高高的、金黄的玉米垛。

远远看见我，大张伟从亮甲店街道的二楼探出身子招呼。他指着街道办事处狭窄的楼道说，这里当年可是苏军子弟学校啊，1954年盖的，也算古董了吧。午后的阳光溢进了有些昏暗的楼道，高高的举架、瘦长的窗户，似乎在佐证亮甲店当年的故事。大张伟说：其实，亮甲店的历史可比这久着呢……

▼“亮甲店”的由来

青砖黑瓦，夯土为路，四纵四横，浅丘围镇。虽历经数百年风霜刻画，但走在亮甲店的街道上，仍依稀可辨它的风范，依然能领略到它的独特魅力。

为什么这里叫亮甲店？已从镇上退休的老人杨新洪告诉我：亮甲店镇名的由来有两种。

一种说亮甲店在过去是古道集邑，有梁姓者开设客栈，故名梁家店，后谐音亮甲店。

另一种据说与唐朝名将薛仁贵有关。传说有一年，唐太宗李世民御驾亲征来到辽东半岛，一天夜里，忽有探马禀报：东逃的高丽军一路骚扰百姓。李世民听后命薛仁贵率领一队人马追歼逃敌。部队出发后下起了小雨，行军速度减慢，走到这里时天就黑了。官兵埋锅造饭，薛仁贵就把淋湿的盔甲挂在一棵树上晾着。雨过天晴，明月下，晾挂在树上的盔甲铿明瓦亮，大老远就能看见。从此，此地就被叫成晾甲店，后来就成了亮甲店。

当年的亮甲店已初显繁荣之象

年逾花甲的崔金凤老人曾是亮甲店镇的副镇长，说起亮甲店的历史，她一脸的自豪："俺们这嘎达，历史可久了，好多地场都有古迹遗址。"

老蚕场遗址就是其中一处。这里俗称拉脖地遗址，就在老镇蚕场村屯北砬子山东南坡。1925年，日本人三宅俊成最先发现了该遗址，并在同年进行了考古发掘，出土了石斧、石戈等石器100多件，文化层厚度约0.3米。遗憾的是，不少文物已经流失，只有少部分保存在旅顺博物馆，见证着这里青铜时代中晚期的辉煌文化。

亮甲店的历史似乎没有断流。青铜时代的辉煌湮没在历史的尘埃中之后，很快就涂上了新的色彩。石城子遗址位于石城子村石城子屯，是金元时期屯田所筑城垣。这个不规则的方形城垣，占地3万多平方米。据史料记载，这里的城墙都是用大石块垒砌而成，高达丈许。1991年文物普查时，石城子南部的石墙残墙高约3米。但现在，这些石墙城垣仿佛早已被时间湮没了。至少，在我的视野中，并没有见到它们沉默的身影。

现在，我们似乎只能合上厚重的历史记录，遥想当年的亮甲店——似乎能见到先民们男耕女织的画面，能听到他们肩扛手提建筑城垣的号子。

▼望海埚抗倭大捷

说亮甲店，就不能不说望海埚。望海埚是亮甲店赵王屯东的一处丘陵，当地人称其为东坨子。

提起抗击倭寇的英雄，很多人第一个想起的就是戚继光。其实，早在明朝初年，大连就有一位大名鼎鼎的抗倭英雄——刘江，而他取得抗倭大捷的时间，比戚继光扫平东南沿海倭寇之患还要早100多年。那时候，正值日本南北朝封建诸侯混战时期，日本沿海地区一些失意的封建主纠集武夫、浪人、海盗、走私商人，携带武器，成百上千地到我国沿海各地进行骚扰，杀人放火，抢劫财物，无恶不作。北自辽东、山东，南至闽浙、东粤，无不受其害。这些打家劫舍的海匪，人称"倭寇"。据史书记载，明洪武二十年、二十六年、二十七年、二十八年，倭寇屡次进犯金州。洪武三十年（1397年），辽东沿海海运竟因此中断。明朝为了捍卫边疆，保护海上运输和人民的生命财产，于洪武八年（1375年）建立了辽东第一个卫——金州卫，明永乐九年（1411年）三月，刘江被任命为辽东总兵官，负责辽东防务。

1419年，明朝军队在望海埚全歼入侵倭寇。望海埚地势高旷，刘江率步兵迎战，诱倭寇入伏，斩倭千余，生俘百余，史称"望海埚大捷"。刘江因此受到朝廷的嘉奖，被封为广宁伯。此战是明朝抗倭首次大捷，在抗倭历史上写下了浓重的一笔，以后百余年，倭寇不敢复犯辽东。

史料中的记载让人心旌摇动，那是一场多么酣畅淋漓的战斗！似乎闭上眼睛就能够闻到隔着时空弥漫过来的硝烟。

可在杨新洪老人口中，望海埚的硝烟味儿没有那么浓重，这里是他儿时最美好的回忆之一。“那时候小啊，赶着羊啊去望海埚吃草。那时候天也蓝得厉害，小风一吹，高高的草就低低地伏下去，露出望海埚那个浅浅的大坑来，还有旁边那些砌烽火台的砖。才知道，哦，这就是打倭寇那个地方啊。”老人用手比画着望海埚烽火台的大小，黑红的脸庞上有着对儿时幸福的追忆。“啊，你想去看看烽火台？现在，可看不到喽，那些大青砖都不知道哪儿去了。”

的确，站在望海埚古战场上，四面望去，高高的天空下，枯黄的荒草静静伏在地面上，视线可及处，能看到压路机轰鸣着铺建沥青路面，头戴安全帽的工人们忙碌着，甚至有的人已经脱去了厚重的棉衣。

▼真武庙里的“十八只手”

“小时候我最爱去真武庙。出去薅草的时候，赶上下雨了，就顶着雨点往真武庙跑。溜儿溜儿地跑到地场了，就在房檐下站着看雨，再不就去殿里看‘十八只手’。”

“嗯哪，我小时候也爱去看‘十八只手’。庙里的人和气着呢，在那儿待着可好玩了。”

说起“十八只手”，崔金凤和杨新洪老人的兴致特别高。

他们口中的“十八只手”，其实是真武庙里的“千手佛像”，而真武庙则是望海埚大捷的“产物”。

当年，人们为了纪念刘江和望海埚抗倭大捷，于明代正德元年（1506年）在望海埚城西北不远处的金顶山上修建了得胜庙，又称刘江祠。此后的数百年间，得胜庙多次重修。

在老人们的讲述中，得胜庙的模样渐渐清晰：明万历十七年（1589年），得胜庙首次重修，“修盖正殿三间，拜殿两间，东西两廊各五间，山门三间”，并“增神像于两廊，添设钟鼓”。乾隆年间，这里还进行了较大规模的增建。

“俺小时候，庙里的殿没有现在这么多，那些殿啊都是靠山建的，院墙都是大条石垫基、青砖砌的。”可惜的是，“文革”期间，得胜庙被“破四旧”，彻底毁坏。

“那时候我不在镇里，等我回来时，什么都没有喽，砸了个稀巴烂。可惜了！”

“嗯，墙都扒干净了，神像都推了，连门板都拆了。”

怀着希望，我问：“难道什么都没剩下？”

“没喽，听说庙门都让人拆了拿回去了。碑什么的，都砸碎了、埋了。后来重建时，在大坑里还挖出来不少碎片呢！”两位老人的声音里，透着无奈和遗憾。

2001年7月，金州区政府和亮甲店

镇政府在金顶山得胜庙原址重修真武庙，后来又进行了改扩建。其实，当老人们告诉我，真武庙现在是道观时，我颇有些惊诧。不过，亮甲店人对此却显得相当通融：和尚主持不好，就道士来主持，反过来也一样。这样的交替已经不只一次了。

时间的流转让佛道两家在这里达到了奇妙的融合，曾经的佛家之地成为了道家道场，可庙宇还是那座庙宇。只是，曾经有着悠久历史的真武庙，现在只有明代正德元年修建得胜庙的碑记走过了漫漫岁月，见证了历史风云，其他的都是现代的作品。这石碑命运多舛，在“破四旧”中被砸成几块深埋于地下，真武庙重修后它被从金州博物馆运回原址，目前立在三官殿下右侧石阶旁边。经过半个世纪的风吹雨淋，石碑上字迹斑驳，大多已经分辨不清，凑近去仔细分辨，勉强能看到“明正德”等几个字。

“看，这个应该是碑头，可惜找不到碑身了，只能让它就这么摆在这里了。”我跟随驻庙道长的脚步，沿着真武庙的石阶上行，想到亮甲店镇的最高处看看，而他突然停了下来，指着一个雕工精美的石碑对我说。

现在依山而建的真武庙，飞檐画栋，殿宇众多，空旷宁静。看着屋脊上的“五脊六兽”、画着太极八卦的殿墙，听驻庙道长娓娓讲述每年农历四月十八庙会的热闹场面，很难想象，这里曾经是杀声震天的古战场。

▼渐行渐远的花生、小米

真武庙凌霄殿旁的平台给了我一个俯瞰亮甲店的基点。尽管临近傍晚，淡淡的雾气已经弥漫开来，笼罩在镇子上空，让人很难一睹它的全貌，但眼前成片的黑色殿瓦、村中纵横的土路和连绵的瓦房、远处大片平整的田地，仍旧让人感到，在这里，似乎农耕仍盛。

“要说水果，俺们这不如三十里堡，那地场苹果好。可俺亮甲店的花生和小米，当年那可是老有名了！”说起亮甲店的特产，崔金凤和杨新洪老人的脸上洋溢着满满的自豪。

亮甲店被连绵起伏的丘陵包围着，气候温和。“不靠山不靠海的，地也都是砂土地，种小麦水稻啥的不行，但种花生和小米就特别好。”杨新洪老人说，清朝中期的时候，小粒花生从山东传到了金州，开始在亮甲店等地试种。到了光绪年间，从日本传入了大粒花生，这种花生成了亮甲店的招牌产品——产量比小粒花生高数倍，质量也好得多。

“我记事的时候，亮甲店几乎是家家都种花生啊，那花生叫‘伏颈大粒’。起花生的时候，一拽就是一大串啊，起出来的花生个顶个，又白又成。”杨新洪的话引起了崔金凤热烈响应：“就是啊！我可爱吃咱这嘎达出的花生了，就是香！我刚到镇上工作的时候，俺们这儿的花生可都是出口的。”

史料中是这样记载亮甲店花生的：

20世纪30年代末，亮甲店花生播种面积和产量达到高峰，播种面积占农作物总面积的24%，产值占农业总产值的28.9%。

大粒花生让亮甲店的商业迅速发展起来了。和其他村镇林立的鞋庄、茶铺、饭馆、裁缝店不同的是，这个小镇的商铺中，最多的就是花生庄。1936年，德国万丰洋行在这里开设花生庄，就地加工，花生销往国外。后来，丹麦的宝隆洋行也盯上了亮甲店的花生。

不过，现在想找一个种“伏颈大粒”的庄稼人，太难了。“一开始是因为‘文化大革命’嘛。后来，四粒红什么的品种也多了，‘伏颈大粒’也就慢慢没喽。现在，农业结构调整，种花生的都少了。现在俺们这儿种得最多的就是苞米了。就连种苞米，也都是‘3860’在种，年轻人哪有种地的？都出去打工了，回家的都少。唉，跟家的感情也比俺们那会儿淡啊。”崔金凤老人的声音渐渐低了下去。

和亮甲店花生“同命运”的还有小米。“那小米好啊，你是没赶上啊。熬出来的小米粥胶黏胶黏、焦黄焦黄的，一出锅，满场香！”杨新洪老人的话让人口舌生津。不过，这种让他倍感自豪的小米现在也难觅踪影了。

崔金凤老人说的“3860”，是指妇女和60岁左右的老人。现在的亮甲店，在农业村镇和现代园区之间努力进行着适度的过渡。所以，展示在人们眼前的，一边是正在建设的火热的工业园区，一边是世代相传的宁静的小镇。每年七八月间，岔山村千亩蓝莓基地里，满枝都是深蓝色的清甜果实；法国酒庄也选择了这里，种葡萄、酿好酒……镇里的年轻人，哪有爱过面朝黄土背朝天的生活的？他们纷纷到各种加工厂打工，老镇似乎也因为少了年轻人的活力，而显得有些萧瑟。

离开亮甲店的时候已经暮色四合，一轮红日正从整齐的杉树尖儿上往下落。炊烟袅袅升起，空气中能闻到家的味道。驱车赶往市区，国道上车来车往，国道边院落寂静。说实话，就个人情感倾向而言，我还是惦念着老人们口中那过去的古镇风貌，惦念它褪色的青砖灰瓦、砖雕飞檐，惦念它上百年的古楼、古居、古店。对那些紧邻着老宅子新建的楼房，有着莫名的抵触。但在我们大步奔跑追求便捷、舒适生活的同时，我又有什么权利要求老镇的时间静止，要求老镇的人们仍旧日出而作日落而息？也许，对老镇来说，脱胎换骨才会成就更美的未来。只是，我还心存希望，希望那些旧时的烽火台和城垣、那些旧时的古建筑、那些旧时的美好记忆和情感，不再遗失。

▼大地主巴树声

老镇的傍晚，是伴随着诱人香味，从家家户户的门窗里钻出来的。扎着拼花围裙、手里还拎着锅铲的大娘，走出院门喊着远处正喂牲口的老汉回来吃饭；

谁家的孩子一边跟小伙伴闹着，一边从小街这头跑过去，还大声喊着“俺妈说今天炖酸菜猪肉了”……那份恬适鲜活，仿佛从未改变。

“哎呀，别看亮甲店灵气足，老百姓现在过得好，当年可也有吃不上饭的时候啊。”亮甲店的老人们说起了一个过去的民谣：“要吃巴家饭，就得拿命换。鸡叫为天亮，半夜吃早饭。干活带小跑，当家还嫌慢。跑也跑不了，散也不能散。”

这“巴家”指的是巴树声。

巴树声1882年出生于奉天金州夹河村（今辽宁省普兰店市夹河庙镇），后迁居亮甲店蟒屯。幼时读过两年私塾，19岁时曾纠集土匪抢劫而成为暴发户。日本侵占金州后，他投靠日本人，于1912年成为了亮甲店的伪会长，一跃成为地方上头面人物。

几乎是复制了大多数人印象中的地主恶霸形象，巴树声在亮甲店人的回忆中，仗势作恶、搜刮民财、强占民田、霸占人妻……“那时候，亮甲店就是‘巴会长’的天下啊。他势力有多大？就连修个铁路，他都能给绕个大弯修到俺们这儿，你说他势力大不大？”

崔金凤老人口中的铁路，指1927年修建的金福铁路。当时，原设计线路是从蚕厂经石城村，取直线至登沙河。但巴树声勾结汉奸刘雨田，收买了日本设计师，将铁路的设计方案加以修改，绕经亮甲店，绕弯路程达4.06公里，占民田240亩。在发放土地赔偿费时，巴树声只给农民一半，他自己中饱私囊近2万元。

当年，因为金福铁路的建成，还曾经发行过金福沿线风光明信片《亮甲店巡游》。

记载巴树声生平的史料是这样描述他的：巴树声在亮甲店大兴土木修房盖屋，开设花生庄、油坊、绸缎庄、杂货店、浴池、饭店、大烟馆、当铺等商号共14个；占土地400亩，果园200亩；雇佣店员、杂役、长工500余人。此外，巴树声还兼放高利贷，利高达三分五厘。人们称其为“土皇帝”。1941年太平洋战争爆发后，巴树声从平民百姓身上聚敛大批钱财奉送日军，以表对日忠心。1942年，伪会长职务由其长子巴纯卿继任。1945年金县解放后，县人民政府将巴树声定为恶霸地主，处决了其长子巴纯卿。1947年春，巴树声病死。

在亮甲店街道大张伟的带领下，我们在小街

巴树声老宅

里兜来转去，终于找到了当年巴树声的老宅：与想象中的豪门大宅相去甚远，现在这里看不出一丝一毫“土皇帝”在时的景象。

“你来看看，这些砖比一般的砖大多了，这些大砖都是当年‘巴会长’家的，可瓦什么的，都换了好多茬了。”崔金凤老人用手指着院墙上的大块青砖说。她比画着告诉我，当年巴树声“掌权”时，巴家大院是个四合院，青砖为墙，黑瓦覆顶，是亮甲店最有气势的大宅子。

现在，记载了那段历史的青砖旁，是几个被简单开凿出来的窗户，而这些或大或小的窗户，又被厚实的黄泥抹死。还有几处是明显被凿成了门，两旁用红油漆、白油漆涂写着简单的招牌“定做蛋糕、桃酥”。

▼关向应和巴树声打过交道

说起关向应，大张伟指着薄薄雾霭中的亮甲店街道办公楼说：“那楼当年是苏军子弟学校，后来成了亮甲店蒙学堂。咱们这个学堂可出过一个大名鼎鼎的人物——关向应！当年关向应和巴树声‘打过交道’呢。不过，关向应可没受巴树声控制，那可是个真英雄！”

还有这事？

见引起了我的注意，大张伟的兴头更足，但他并没有对我细细讲述，而是卖了个关子，让我回去查查资料。

果然，大连出版社出版的《关向应文集》中，有着这样一段文字：因家境贫寒，关向应10岁才开始读书，一年半后到亮甲店蒙学堂上学。1918年春天，他考入普兰店公学堂。1920年，他考入大连伏见台公学堂附设的商科学校。1922年4月，关向应毕业，被分配到日本资本家开办的洋行当一名职员。但他不愿意听从日本人的驱使，只干了一个月就辞职回了老家。他的才华引起了金县亮甲店镇事务会会长、大地主巴树声的赏识。为了笼络人才扩大势力，巴树声下聘书请关向应到事务会当书记。不料，关向应当即回绝了，并公开说：“给日本人做事，我不干！”关向应不为日寇当差的事，在亮甲店一带很快就传开了。而此时，关向应心中向往的地方是泰东日报社。1922年夏天，关向应经过考试，终于如愿以偿到泰东日报社工作。在那里，关向应接触和学习马克思列宁主义，并由此走上革命的道路。

在亮甲店这片土地上，既有巴树声那样甘愿投身日寇的劣绅，也有关向应这样有血性的人物。那段风云变幻的历史，因为他们的交锋，因为就在身边，而异常鲜明。

现在，金福铁路仍在运营中，名为金庄铁路。“现在一天一趟火车，是那种绿皮火车，人不少呢，一般都是通勤的。你看，那边就是高铁啊。”顺着杨新洪老人的指点，我隐约能看到夕阳下那一弯锃亮的火车轨道。在铁路的一侧，一条高铁专线延绵而去，一根根高耸的桥桩、一个个大跨度的横梁在我的视线中骄傲地站立着。

扎根在两千年前的汉城

杨鹏

举目不见沓氏城，唯见土丘树葱葱。
唐皇汉武韬略远，文治武功到辽东。
考据岂待洋人至，获鲸无需深海征。
今民犹饮古井水，让地赠驴有遗风。

大李家街道全景

▼老镇名片

大李家街道位于大连金州新区东端，面积为63.2平方公里，海岸线长33.4公里（含岛岸线1.4公里）。人口约1.7万人。太山山脉横亘东西，把这里分为山前和山后两个部分。

大李家人文历史悠久，文化底蕴深厚，古迹众多，出土文物丰富。辖区内的大连城山头海滨地貌，是大李家所独有的自然景观，已建立国家级自然保护区。

大李家出土的金代风花雪月白釉黑花碟

到大李家，笔者有一种目不暇接的感觉，因为这里有太多的历史需要传承，太多的故事需要讲述。

大李家有很长的海岸线，居民们祖祖辈辈都是渔民。在石槽村的海边，很多人家坐在炕头上就能看到潮涨潮落。因此，大李家的故事多与大海相关。

大连老镇中，似大李家这样，历史有如一条长河般连贯的并不多见。如同长江的源头是冰川融水汇聚的涓涓细流，大李家的原点是一个长和宽都约为150米的大岭屯汉城。虽然史学界目前仍然存在争论，有些考古专家认为，这里就是金州地区的原点沓氏县城的所在——公元前107年，汉武帝建沓氏城，隶属辽东郡。所以史学界有一句话——“没有大连就有金州，没有金州城就有沓氏城。”

所有的言词都不如实物来得显而易见。大李家地面上留存的文物，往远了说，可以追溯到东太山上父系社会时期的积石墓；往近了说，有日俄殖民统治大连时期的正明寺会旧址，据资料显示，这可能是大连地区保存最完整的殖民统治时期的农村统治治所。

从自然景观上说，城子村海边的大连城山头海滨地貌是世界罕见、国内仅有的北方温带海滨喀斯特地貌景观。不仅如此，城山头上还有唐代古城，虽然现在只剩下一段墙基，但细读那段金戈铁马的历史，抚摸块块斑驳，分明感受到铁血戍边的雄风。

当笔者看到一个在大李家出土、现藏于金州博物馆的印着“风花雪月”的金代白釉黑花碟时，想

象空间刹那无比放大——当年这块土地上曾有过怎样的富庶与风流？

▼消失的沓氏城

历史就是一个舞台。大李家在辽南历史上扮演的角色，绝对举足轻重。远古的积石墓、汉代的城、唐代的井、宋朝的钱币、明代抗倭的青云河口，这些都提供了充足的论据。大李家街道的翁铭峰书记是个懂得历史的人，他仔细地介绍了大李家的桩桩件件，看得出，大李家的人文历史、水土风貌都装在他的心中。

大岭屯遗址，是大李家最厚重的东西。如果从公元前107年汉武帝设沓氏县算起，2100多年前它即是辽南的中心之一。2100多年后，笔者站在大岭屯遗址的土坡上，面朝前方，起伏的太山植被丰富，满眼的绿色。青云河从山下流淌而过，载着2000多年的乡愁。

古城的东城墙留下一段遗址——不足五米长，不到一米高，土质略深于周围的土壤颜色，上面稀稀疏疏地种着些树。村民们说，这段墙基上种的树，后来作为界线，但是都长不高长不壮，因为当年的城墙采用夯土，而且土里掺杂了一些特殊材料，让城墙更为坚硬，所以树的根大多扎不下去。

大岭屯遗址仅剩的一段东城墙遗址

如今，这段东城墙是遗址上仅有的地面遗迹，民宅已经将这里占据，使得它与镇上其他地方没有什么两样。如果不是知情人的指引，经过的人根本不会知道，这里曾经有一座古城。

▼三宅俊成两次挖掘大岭屯汉城遗址

关于沓氏城原址，史学界一直争议不断，大岭屯遗址就是其中的一个争议点。

沓氏，这是一般人所不知的姓氏，却是金州地区拥有的第一个名字。沓氏县是西汉辽东郡最南端的一个县治，《汉书》《资治通鉴》等历史文献对

大岭屯遗址北侧的渡槽工程，其地下曾经是2000多年前的城墙

它的记载，标志着从汉代甚至更远的时候，大连地区就是华夏古国的一部分。

关于沓氏县名称的来源，已知有两种说法：一说山东有沓氏大户，在山东建沓县后，因战乱移民到辽东半岛再建县城。另外一说，沓即逐层递进向前推移之意。根据古地理资料考证，古时山东半岛和辽东半岛之间的渤海海峡有许多小岛屿（庙山列岛），山东移民或逃难人流可以循着岛屿一点点地到达辽东，由此，移民相聚在此设立了沓氏县。据此有人推断，所谓“沓氏县”，应是一个移民、流民纷至沓来而形成的移民县。

后来的考证认可了沓氏县之名与水有关，该城以水得名。

那么，沓氏县城在哪里？这一直是史学家争论不休的问题，也是大连历史上的一个谜。

据考古推断，千年沧桑变迁，加上战乱频繁，远古沓氏县址可能就深埋于金州区域的某一土层中，也可能毁于战火中。许多人一直在通过历史文献和考古实证追寻它，也有着多种推论，大致有金州新区大李家大岭屯、董家沟南山城、普湾新区花儿山张店、甘井子区营城子、旅顺牧羊城、瓦房店陈屯城等多个地点。

1932年，一个叫三宅俊成的日本人来到当时的正明寺会大岭屯，并先后进行了两次挖掘。三宅俊成的“大岭屯就是沓氏县城”一说最具代表性。三宅俊成是第一个对这里进行挖掘并指出这里是沓氏城所在地的人。

查阅史料，对三宅俊成个人的介绍只有寥寥几笔，说他上世纪20年代来到旅顺，后来到了金州的南金书院做老师，他和书院的“总教习”日本人岩间德也都对中国历史有着狂热的探寻心。据说三宅俊成几乎走遍了大连有历史遗迹的地方，他所著的《在满的二十六年——遗迹考察和我的人生回忆》记录了他在大连的考古史，他在中国度过了自己人生大约三分之一的时光。

三宅俊成来到大李家大岭屯汉城遗址是在1932年10月，在此发现了石器、陶器和汉代的瓦片，于是三宅俊成决定进行挖掘。第一次挖掘持续了两个月的时间，到同年12月就结束了。也许是因为大连冬天的气候，12月份气温下降，土壤结冻，不利于考古挖掘，所以直到1933年3月末，三宅俊成才恢复了挖掘。

三宅俊成曾经在书中提道：“因为是个人发掘，资金有限，要想大面积地揭露是不可能的。发掘是利用假日进行的，从当年的10月下旬到12月，第二年的3月到5月初，每天用民工25人，总计用了700多人。”

三宅俊成发掘出的大岭屯汉城遗址东西长150米强、南北宽150米弱，接近正方形，虽不算大，但也足以说明它够得上古县城的规模。另外，还发掘出陶器、铁器、纺锤车、铜镞、铜带钩、高足、瓦当等，都是汉代器物，附近还发掘有大量汉墓。

大岭屯汉城遗址被发现后，一直到上世纪70年代，大岭屯汉城就是原来的沓氏县城所在地的推论得到了历史、考古方面专家近乎一边倒的支持。虽说后来也有史学学者提出“普兰店的花儿山张店是沓氏县城”的说法，但似乎大岭屯汉城的地位更具代表性。

解放前拍摄的大岭屯汉城

回顾历史，虽然三宅俊成的挖掘对大连考古史有所贡献，但他们考古的背后是日本军人森森的刺刀，离开故乡土地来到中国的他们，骨子里揣着的是日本帝国主义的狂热和对中国文物的觊觎和贪婪。

▼千姿百态、富有韵律的另外一座“城”——城山头古城

大李家街道有“两城”，除了大岭屯汉城遗址，在东南面的城子村还有另外一座“城”——唐代的城山头山城，它坐落在大连城山头海滨地貌国家级自然保护区（以下称城山头保护区）之内。

说起城山头保护区，这里可是宝贝，它之于大李家，就像黄石公园之于美国。城山头像一个伸向海里的龙头，形象逼真，从天空俯瞰，它与对面的蛋坨子就

是“龙戏珠”。

据大李家街道提供的资料记录，城山头保护区是世界罕见、国内仅有的北方温带海滨喀斯特地貌景观，反映出距今6.5亿年前地质时期的古地理、古气候、古生物、古构造环境特点。在漫长的地质岁月里，经历着地壳变化，海进海退，岸边在不断演变，大自然的创造魅力把这一带海岸岩面雕塑得千姿百态，礁石奇异，富有韵律，在延绵15公里的海岸带上形成数百个海蚀柱、海蚀洞，巨大的石柱高不可攀。所以，大李家人认为，城山头保护区就像大李家的“黄石公园”。

城山头下村子里的唐代水井，至今仍在使用

城山头上的唐代古城位于保护区东部，至今城墙依稀可见。据介绍，三国时期辽东战乱，这里的百姓被全迁至山东，这里因而空置。十年后高丽人逐渐迁入，之后的五六百年时间内，他们在这里修城筑墙，繁衍生息，直到唐太宗李世民时期，经过十次征讨，辽东旧地才又回到大唐的怀抱。

如今的城山头植被丰富，满目苍翠，盘山道一路延伸向大海。笔者在城山头山脚下，见到了一口唐代沿用至今的古井，井口边的石头上长满了苔藓，旁边还有一个方形的带孔石槽，一看就是古物。关于这口井，在城山头流传着一个很美的故事。

280多年前的清雍正年间，一户姓侯的人家从山东渡海闯关东谋生，落脚在如今

城山头海滨地貌国家级自然保护区

的宫家屯。刚来时的宫家屯是一片荒山野洼，没有人家，侯家的先人相中了这里的鹅卵石海滩和清清的河水，落脚后以打鱼为生。几年后才来了宫姓人家，两姓家人处得很好。后来侯家人在拉脖子一带发现一口甜水古井，于是便搬去拉脖子居住，原有的地方就让给了宫家。

宫家人为了感激侯家人的让地之举，便把家养的两头毛驴子中的母驴赠送给了侯家，子驴自己留着，用于拉磨推碾子。过了一段日子，有着很深恋母情结的子驴常常自己翻山越岭跑去拉脖子与母驴会面，侯家看到年轻力壮的大毛驴，不用白不用，就架上碾子套上磨，一拉就是大半天，累得子驴一身臭汗，又渴又饿，卸下磨来也顾不得与母驴亲热，便跑回宫家找吃喝去了。

宫家发现疲惫的驴子，只是纳闷，后来两家唠嗑时才说破此事，相互付之一笑。十几年后，两家子女多起来，与外界的接触也日益频繁，侯屯、宫屯的称呼便自然诞生。

后来，侯家人在拉脖子和城山头里的碾子沟一带发现三口古井，其中靠近西山脚下的一口早年被人用巨石填埋，他们推测可能是高丽人撤走时故意填埋的。

另外，向东 400 米有一口用青钢柞木方砌就的古井（青钢柞木浸水后千年不腐），因填埋不彻底，被侯家人发现，经挖掘整理后作为饮水井使用至今。据说，该井之水，饮用甜澈，造酒甘醇，冬暖夏凉，侯家人视其为“宝井”。

正明寺会旧址，曾经是苏联军管的营房

在城山头古城遗址上，曾经有村民拾到了一枚宋代的钱币，翁铭峰特地做了一篇短文，书以记之，装帧起来，挂在了大李家街道办事处文化走廊的起点。

▼正明寺会旧址：见证老镇百年沧桑

走进大李家街道办事处，迎面一个木质镂空屏风，上书六个毛笔大字——正明寺会旧址。原来，这里是日本殖民统治大连时期正明寺会的所在地。

殖民时期，大李家街道属正明寺会管辖，治所是一排瓦房。它的历史颇为复杂，应该追溯到1899年8月。当时沙俄决定将旅大租借地定名为关东州，在金州设立“关东州厅金州民政署”，“金州民政署”在大李家设立“正明寺会”管理民政事务。

这个会址因为不能满足日益增长的管理需求，被弃于1936年，正明寺会治所迁至山后兵营。

山后兵营现在还在，它的东面是一条村级公路。兵营深锁于院墙之中，院子里如今长满了蒿草，房屋窗上的玻璃不少已经碎裂，能够看出这里已经被荒废许久。但是在1936年，这里确是高高的“衙门口”，正明寺会的办公所在地，两进的院落，前面是办公地，后面是正明寺会第一普通学堂。而原来的老治所，改为正明寺会第二普通学堂。

1938年，时任学堂长滕运俭经申请，在老治所新建八间瓦房，一班一个教室。又过了七年，1945年日本投降，苏联红军进驻旅大，小学堂被征为驻军兵营。直到1955年苏军逐批回国，学校才复用。

就这样一直到了2011年，正明寺会旧建筑破损严重。此时，翁铭峰已经来到大李家街道工作，他深知这座破烂建筑的历史价值，让施工人员把每块石头和木板都标上了序号，原样、原向向北迁移到一处高坡之上，门窗翻新，黑瓦置顶。于是，有着100多年历史的正明寺会得以保存。如今，它站在高岗上，静静地看着大李家下一个百年的沧桑变化。

人说"一沙一世界"，这个老会址的前后变迁折射了大连近代历史上每个大的变化，也正因为有了实物的遗存，才让这段历史更加鲜明地铭印在每个大李家人的心中。

▼曾经巨鲸扑岸

大李家水资源丰富，街道西南部的青云河口更是遍布沟汊。

除此而外，大李家还有着许多美好的传说和故事。

《金县志》上曾经记录了这样一段发生在大李家的逸事，这段逸事让原来史志体书写的县志有了一丝话本的轻松。

大连自然博物馆有一个长须鲸标本，到博物馆参观的人都会看到它，并惊叹其体形之巨大。这头长须鲸就是在大李家发现的。

长须鲸属国家二级保护动物，在中国常于冬春季节出现于黄海北部和渤海湾。1952年正月十五的傍晚，这头长须鲸出现在了大李家镇城子村的海边崖下。正月十五，辽南渔民有去海边海神庙送灯的习俗。这天傍晚，镇上的农民王财传正巧去海边海神庙送灯，忽然他听到海崖下惊涛扑岸，"时有水柱冲天而起，间或有呜呜之声，隐约中见一庞然大物以尾巴扫击礁石，似有蹈海之势。"因时至傍晚，光线昏暗，王财传大惊，急忙赶回村里告知乡邻。

那时，屯中有苏联驻军，驻军战士得知此事后，就与村民们一起赶赴海崖边，见大物犹在，且翻腾不止，于是举枪连射。

第二天早上天亮后，村民再去海边，发现那个不明大物乃是一头巨鲸，此时已经搁浅，僵死在距岸10余米远的礁石上，周围礁穴的海水尽数被血染红。

后来村民们测量了一下巨鲸，它身长15米，高2.5米，鲸的大嘴如果用扁担支起，人可出入其中。如此大的鲸鱼引来了周围群众争相观看，每天络绎不绝。三天后，大连有关部门派人用油桶竹竿扎成排筏装载巨鲸，趁涨潮时用拖轮拖至大连。这头巨鲸被制成标本，存于大连自然博物馆。

登沙河

曾经的『金县粮仓』

杨鹏

但得青山常常在，自有杨柳笑春风。
白首翁媪说天宝，正阳街衢忆峥嵘。
绿皮火车经行处，追光少年气势虹。
清水澄沙五谷丰，河沙垒起楼万重。

登沙河水东流去

▼老镇名片

登沙河，位于金州东部。得名于境内最大的河流——登沙河。登沙河面积101.4平方公里，人口约5万人。

登沙河土质肥沃，曾是金州粮油重点产区，粮油总产居全区首位，素有“金县粮仓”之称。

如今，登沙河街道已经规划有国家级的大连登沙河产业园区，交通便利，处于大连“一小时经济圈”的辐射半径之内。

大连老镇当中，镇的名字大多以山、堡、驿、湾等为名，鲜有以河为名的，这可能与大连独特的海文化、独特的历史有关。因为相比于大海和古战场的气魄，河则显得弱势许多。然而，位于金州东部的老镇登沙河，却选择了以河为名。

发源于小黑山的登沙河流经老镇全域，注入黄海盐大澳，这条在金州数一数二的河流可以说是老镇的母亲河，河畔沟汊，曾经留下了勤劳妈妈们的洗衣声，留下了孩子们光腚摸鱼的嬉笑声。

所以，那年春天，当五岁的儿子吵着要抓小蝌蚪时，从登沙河走出去的程绍锋毫不犹豫且略带自豪地带着儿子回到家乡的登沙河边。满以为有满河的“咯咯嚷”等着他们去捞，可事与愿违，最后还是在一个小沟汊里，勉强捉到了十来个。

程绍锋很是怅然，童年的记忆那么美好，心中的家乡却改变着模样，日益的现代化，日益的工业化，日益的脱胎换骨。不过，还有一些是没有改变的，父辈们脸上的沟壑依然亲切，大娘婶子们头上的花围巾依然粉红翠绿，儿时上学的那条小道依然蜿蜒，越来越窄的登沙河依然不紧不慢地流向东方。

它们，承载着登沙河的过去，也将孕育未来。

▼老镇以河为名

据《金县志》记载，1966 年，在登沙河镇高家村出土了东汉时期的陶俑，这是一尊高 13.5 厘米的女俑，上身紧束，下身宽袍，梳着鬓髻。女陶俑的出土，把登沙河的老镇文明追溯到东汉时期。

即使这样，也是先有河，后有镇，老镇以河为名。

笔者查了一下老版的《金县志》，上面对登沙河有详细的记录。在相对贫水的金州，全长 25.7 公里的登沙河绝对算得上一条大河。它发源于向应镇的小黑山和普兰店太平的二龙山，自西北向东南流经向应、华家屯、登沙河，最后注入黄海盐大澳，流域面积约 229 平方公里。因为流域内为片麻岩地带，风化层较厚，雨季冲刷带入河道大量沙粒，含泥量很小，又因古时整个流域植被很好，河水清澈见底，故取名澄沙河，后改称登沙河。

北纬39° 09′ ~ 39° 29′，东经 121°54′ ~ 122°06′，是登沙河的地理坐标。这些年来，北纬39° 已经是优质大连海鲜的代名词，北纬39° 的海孕育出优质的海洋牧场，北纬39° 的河也不逊色，它孕育出了素有“金县粮仓”之称的登沙河老镇。河两岸的冲积平原，土质肥沃，曾经是金州粮油的重点产区，粮油产量均居金州首位。

农民姜大爷在登沙河生活了一辈子，他说：“登沙河这块地界，旱时旱不到哪儿去，涝时也涝不到哪儿去，确实是一块宝地。大地里的苞米、果子（花生）、土豆，没有一样不丰收，就连冬天的萝卜都是稀甜稀甜的。像我这样岁数的人，冬天把萝卜当水果吃，不上火不咳嗽。”姜大爷的话语中，带着对家乡浓浓的自豪，用他的登沙河话说：“哪场儿都赶不上俺这场儿。”

登沙河所产的沙，具有耐酸、耐碱、耐压、凝固力强和含泥量小的特点，是海港建设和国防施工的重要建筑材料。前文中的程绍锋跟笔者聊起他十六七岁时的装沙经历。

“大约是上世纪 80 年代末、90 年代初，我上中学时，城里的工地需要很多的沙子，我家里开了个沙场，白天夜里都有大车来拉沙子，有时劳力不够，俺妈就让我去沙场装车。那时没有大型装运设备，大多靠人力一铁锹一铁锹地往车上装。高一那个夏天，也许是装沙劳动量大增，饭量也大涨，我一个夏天长了 17 厘米。”程绍锋回忆的那个岁月，登沙河镇所属的阿尔滨、马蹄子走出了一批包工头，到城里去建楼，他们中有些人成了改革开放后第一批富起来的人，也开创了登沙河人的致富传奇，直到今天仍为人们所称道。

▼老站：半个多世纪的繁荣

位于老镇中心的登沙河火车站，建成于 1927 年，它是当年金福铁路线上的一个重要节点。从外观上看，这个已经有 87 年历史的老站，早已经没有了当年的辉煌。它是个平房建筑，占地并不大，“登沙河”三个红色的大字写在贴满了白瓷砖的墙上，一看就是上世纪 90 年代初期的装饰风格，老站的老味道在白瓷砖的一片光亮中消失殆尽。

现在的老站是寂寞的，一天中没有几趟火车经过，站门紧闭。在铁路一次次提速、高铁唱主角的当下，绿皮火车的时代已经越来越远，老站就像一个在正午阳光下消磨时间的老人，全然没有了忙碌，这个曾经的四等车站，它的故事向谁诉说呢？

据镇上的老人说，金福铁路线始建于 1925 年，于 1927 年 10 月 1 日通车，西起金州，东至城子坦，曾经是连通辽东腹地的重要铁路通道。沿途重镇的花生、盐和砂石都是通过这条铁路线得以转运。

金福铁路是亮甲店大地主巴树声与日本财阀门野重九郎合股投资修筑的，在铁路投入运营的前十年，是租用“满铁”的机车进行运营，后来并入了“满铁”。以金州为起点，登沙河是这条铁路线上的第七站，当年一日三次往返。据《金县志》记载，1928 年，客运量达到 22.6 万人次，货运量 95977 吨。1949 年后，这条铁路改称金城线。

直到上世纪末，登沙河火车站都是一派繁忙的景象。那时刚嫁到登沙河的新媳妇杨阳，每逢周末都会从大连坐着绿皮火车回婆家，周一早上四点多钟再坐火车赶回市内上班。车厢里有很多和杨阳一样到金州或是大连上班的年轻人，他们已经偏离了父辈的生活方式，远离了土地，亲近了城市，但是骨子里那份浓浓的乡情却已经深植，承载这份乡情的就是这趟从大连开往城子坦的绿皮火车。

▼老街：曾经的繁华

火车站正对的那条街叫正阳街，陈晓峰告诉笔者，从他有记忆开始这条老街就是这个模样，30 多年来变化并不大，火车站对面的国营旅社、五金商店、家电修理社、花店，还有那个老照相馆都没有变化。

顺着正阳街干净的街道两侧，排列着整齐划一的平房，就连街牌都很城市化：正阳街、拥政街、友谊街。

登沙河街里的老房子，有点画报上哈尔滨道里的感觉，起脊的屋顶，砖砌的烟筒。正对火车站的正阳街上保存着上世纪80年代末、90年代初小镇商业的模式和规模。一排排老房子，虽外墙斑驳，在光与影的映衬下，却如油画。窄窄的小巷子，干净得不像农村的街道。

镇内的正阳老街，50多年来，没有多大变化，一砖一瓦，都有岁月痕迹

生活在镇上的唐大婶告诉笔者，在上世纪六七十年代，只有镇上工厂里的工人才能住上这样的房子。那是一段登沙河镇引以为傲的历史，那时远近的姑娘都想嫁到登沙河。为什么？因为登沙河很富，镇上有化肥厂、电机厂、皮革厂、开关厂、农用机械厂，还有养马场、养猪场，厂里的工人都是正式的国家工人，非农户口。在那个年代，这得有多大的吸引力啊！

▼登沙河跑出中国“万米王”

登沙河老镇在近代出了一个响当当的人物，他与“中国奥运第一人”刘长春曾经并肩为辽宁体育拼搏，刘长春善于短跑，而他则善于长跑。他，就是从登沙河姜家堡走出来的赵德新，人称“万米王”。

据《金县志》记载，赵德新出生在清末光绪二十八年（1902年），又名铭三，字西河。据说赵德新年幼时一心向学，但是家庭经济拮据，为了上学，赵德新曾出外做工，攒钱来补贴学杂费用。在完成普兰店公学堂的学业后，他又考入旅顺师范学堂，并于1923年从此校毕业。

少年时期的赵德新就展露了他的长跑天赋。据镇上的老人们回忆，赵德新小时候有过追赶火车的佳话。当时两个车站之间的距离一般不超过20里，也就是10公里左右，因为火车开得比较慢，赵德新有时没赶上火车，就干脆跑到下一站再上火车，他的长跑能力很强，经常比火车先到站。

1930年的赵德新

赵德新师范毕业后，先后到三十里堡、姜家堡子、亮甲店各普通学堂担任过教师。时光一晃过了6年，1929年，已经27岁的赵德新考入了沈阳的东北大学。正是在东北大学学习期间，赵德新创造了“辽宁长跑第一人”的传奇故事。

上世纪20年代，辽宁体育的成绩单上还是一片空白，甚至被嘲讽为“关东体育白帽子”。张学良将军十分重视文教体育事业的发展，把刘长春、姜云龙、赵德新等优秀的体育人才招揽到东北大学。东北大学的田径整体水平很高，刘长春垄断了短跑项目，而赵德新和姜云龙则是中长跑项目的冠军。

1930年4月，第四届全国运动大会在杭州举行，这是一次盛大的体育赛事，国民政府不仅在杭州新修了体育场，还邀请了各方人士到杭州出席大会。

在这届运动会上，辽宁派出123名运动员参加，在田径和游泳两项比赛中大显身手，田径尤为突出。在男子田径19个比赛项目中，辽宁获得6枚金牌。短跑名将刘长春一人独得100米、200米、400米三项冠军，均打破当时全国纪录。姜云龙获1500米的第一名，赵德新不仅获得了男子1万米的金牌，还以35分36秒2的成绩创造了全国纪录，是第一个获得全国冠军的辽宁长跑运动员。

辽宁运动员一举成名，震动全国，捧回了张学良专门捐赠大会的刻有“祖国后盾”四个大字的银盾。杭州大捷使辽宁第一次登上了全国田径的冠军宝座。

在第四届全国运动大会结束后，刘长春、郎大奎、姜云龙、赵德新、肖昆华、刘仁秀、张龄佳等辽宁运动员入选中国代表队，参加了1930年5月在日本东京举行的第九届远东运动会。

经历了1930年辉煌的赵德新于1932年从东北大学毕业，回到大连地区任教。他先是在秋月公学堂任国文教员。工作中，他汇集了课本中的疑难词语并加以注释，做成册子印发各地供师生们参阅。1941年，他调到大连教科书编辑处任编辑，利用三年时间编出了一部实用汉语字典，这极大地满足了广大师生对汉语工具书的需求，是一件意义重大的事情。

1943年，已过不惑之年的赵德新回到家乡从事教育工作，1945年大连解放后，他任姜家堡子太平公学校校长，1946年初登沙河创办中心小学，他是第一任校长。赵德新于1976年去世，享年74岁。

杏树屯

『杏普』海蛎子味儿十足

周媛

健走缘地远，港阔因水深。
清明虾肥硕，中秋蟹成群。
花生就海蛎，自有识味人。
莫道乡音重，应说民风淳。

国家级渔港的建成搅活老镇这湾水

▼老镇名片

杏树屯位于大连市金州新区东北部，面积98.1平方公里，人口约3万人。

2008年1月，杏树屯镇更名为杏树街道办事处。

如今，杏树中心渔港被确定为国家级中心渔港。

▼杏树屯：淳朴乡音讲述逝水流年

在960万平方公里的中国大地上，“杏树屯”是个重名率极高的地名，即使最爱较真儿的人，恐怕也说不清中国到底有多少个“杏树屯”。但是对于大连金州杏树屯人来说，海边出“蛎头”、地里长“果子”，口音保持着原生态“海蛎子味”的家乡“杏 ten”是独一无二的。

在漫长的历史年代里，地处大连东北部的杏树屯交通不便，远离繁华，人们日出而作、日落而息，土里刨食，偶尔在桃园村的海岸礁滩拉网赶海，改善一下寡淡的生活。

古语道：“穷则变，变则通，通则久。”从上世纪80年代开始，受益于改革开放政策，许多穷则思变的杏树屯人开始走出闭塞的土地，到外面的世界打拼，他们中间走出了体育界的世界冠军、工商界的领军人物和决策一方的政府官员。

2008年，经上级政府批准，杏树屯镇撤销了，设立了大连市金州区杏树街道办事处。落寞老镇正向现代化城市靠拢；桃园村的岸边，大连杏树国家级中心渔港从曾经的小渔船避风地跃为今日的现代化渔港。

老镇杏树屯，流传着一段段从白手起家奔向富裕文明的励志故事。

到杏树屯采访，若是没有一点胶辽地区生活“背景”打底儿，是不敢揽这个瓷器活的，否则，一见面就会被淳朴热情的“杏普”（杏树屯普通话）打败了。

2012年，由国家语委启动的国家级

重大语言文字工程——中国语言资源有声数据库建设，将大连列为辽宁省首个方言抢救试点城市，当时，数据库项目执行人要征集能说出地道大连话的发音人，把他们的语言和口音用科学方法录制存档。操一口标准“杏普”的刘金涌成为第一个被选定参加录制的杏树屯方言发音人。

“俺介嘎块儿（这个地方）就怪了，雪（说）话比别场儿（地方）豆（都）土！”刘金涌黑红脸膛，身板儿结实，古稀年纪，乐天性格，一口“杏普”让他说得活泼风趣，令人忍俊不禁。“同在金州地界儿，俺们杏树屯柳家村、沙家村跟登沙河、华家镇就隔一条河，说话跟人家差不少，还不好改，你雪（说）怪不怪？”

在杏树屯方言里，吃饭是“歹饭”，百是“钵”，蛋糕叫“槽子糕”，饼干叫“光头饼”，花生叫“果子”，馒头叫“饽饽”，四和十听起来都像“细”。

说到方言闹的笑话，刘金涌随口讲出好几个——

有一次，刘金涌在地里收花生，已经有人帮他们联系好了一笔出口日本的生意。有外乡人听说他挺忙，问他忙什么，他告诉人家：“忙‘去国’（出果子，即收花生）。”“去哪儿？”“日本！”他答。当时，恰逢2011年日本东北部大地震，余震不断，对方很吃惊：“出国上日本干啥？不怕地震啊！”“去果去日本，怕啥地震？”两人一个“出国”一个“去果”，打起了哑谜，说了半天，才把误会说清楚。

“杏普”里，“花生仁”是“果粒儿”。一个杏树屯老哥儿到外地办事，下馆子看人家有“五香花生仁”，老哥儿告诉接待客人的大姐，来份“果粒儿”，人家不明就里，瞅瞅他说：“咱们没有果梨儿。”老哥儿气得瞪眼睛：“我前面的后面的，人家点‘果粒儿’你都卖，怎么到我这儿就没有了？”“啥‘果梨儿’？”“不就这嘛！”弄明白了老哥儿的要求，大姐哭笑不得。

“四”和“十”听上去都像“细”，也让刘金涌闹过笑话。那年他去鞍山打工，到市场采买，看人家剩一堆儿黄瓜，他要包圆儿，人家问：“你给多少钱？”他答：“细（十）块！”菜贩犹豫了一下答应了，还帮忙把货送上了门，刘金涌递上十元钱，菜贩子认认真真给他找回六元。

刘金涌纳闷了好长时间，“敢情，在摊儿上买十块，送上门就变成四块钱了，这买卖做的！”他把这事儿说给房东听，人家一听就明白了，“老哥你刚来的时候，你说‘十’和‘四’，咱都听成‘细’。人家是把‘十块’听成‘四块’了呗！”

“杏普”，远了说与山东口音相近，近里说和部分庄河地区方言相似。它就像长在老镇人身上无形的胎记，不论离家多远、多久，只要一开口，八成会暴露他们的杏树屯身份。

也许恰恰是这口难改的乡音，杏树屯人给我留下了憨实、质朴、乐观、幽默的印象。见你对他们的口音好奇，他们常常会大方地来一段“杏普”民谣——“小妞拉小妾，小妾拉巴细，巴细掉了砸觉急。”（小牛拉小车，小车拉巴石，巴石掉了砸脚趾。）在你瞪大眼睛翻译成“白话文”时，他在一旁厚道地陪你哈哈大笑。

据说，绝大多数杏树屯人上溯四五代是从山东登州府、海洋一带闯关东而来，他们大多是贫苦农民，盘缠有限，漂洋过海登上大陆即就近扎根，因为活动半径小、与外界交流少，接触环境相对封闭，胶州口音便在这里顽强根植。

近年来，随着经济的发展和人口自由流动，杏树屯的年轻一代口音逐渐被“勾兑”，现在，真正能操纯正“杏普”的人越来越少了，曾经让杏树屯人报赧的乡音已成了稀罕物，被纳入“抢救”之列。

▼蛎头就饼子仍是最爱

杏树屯桃园村三面临海，在物质生活十分匮乏的年代，亏得这片海，让杏树屯人家的餐桌得以调剂花样，于是赶海成了老杏树屯人脑海中最欢愉的记忆。

杏树屯的海滩似乎一年四季都不会让人失望。

清明前后，乍暖还寒，正是虾爬子最肥的时候，青壮男子就用自制的编篓下海趟虾爬子，“趟”是指用网拉。既没有防冻措施，又怕把身上的衣服打湿没得换，趟虾爬子的人都是“光脚、光腚”下海。这活儿必得年轻力壮的小伙子干，冰冷刺骨的海水里，棒小伙子全靠自身火力旺才能挺住，“眼瞅腚冻得发紫”。但看到活蹦乱跳的虾爬子就乐了，也顾不上冷了。

待到槐树开花的季节，是趟大飞蟹的时候。下晚儿退潮，刘金涌就会去海里“漂篓子”趟飞蟹，运气好的时候，一晚上能“趟”上来40多只大飞蟹。

秋天下霜后，海蜇上岸。杏树屯海里的是沙蛰，

一夜北风起，打海蛎子的时候到了，装海蛎子最趁手的容器是塑料筐

颤悠悠像一个个大锅盖，赶海蜇的人只选蜇头捞回家，他们随身带着竹篦子做成的小刀，给挑中的海蜇刷边儿——只割下口感好的蜇头部分，带回家用白矾卤起来，封在大罐子里，春节时用海蜇皮拌凉菜招待客人。

杏树屯最著名的美味是海蛎子。正宗的杏树屯海蛎子必得是长在桃园村东海头“老母猪圈”一带的礁石上。

“老母猪圈”的水深，夏季即使退潮，礁石也露不出来。到了11月份，来活汛了，有经验的赶海人掐指一算，“初三水，十八汛”，大汛到了！

忽然一夜北风起，打海蛎子的时候到了，男女老少都拿着家什赶到礁石滩上抢占有利地形。打海蛎子的家什是特制的，类似锤子，但锤头尖利，方便“刨”“敲”“起”等不同动作，连体赘生的海蛎子奇形怪状，装海蛎子最趁手的容器是塑料筐。

这时，你就看那片礁石滩上吧，人们拐着筐、挥着锤，虔诚地收获大海的赏赐。凛冽的海风不时掀起农家大嫂大红的、翠绿的头巾，吹皴她们脸上的红晕。冰凉的海水，把她们一边干活儿一边互相倾诉的喜怒哀乐卷起来，随手摔在岸边的礁石上……

杏树屯的海蛎子远近闻名，每年海蛎子成熟时，这景象颇为壮观

杏树屯的海蛎子个头小，但的确是天然野生的，能看到海蛎子身上长的黄毛。小个头的海蛎子味道极鲜，杏树屯人吃海蛎子的方法也很生猛，即使没有在海边“现刨现吃”，坐在家里吃也非常原生态——蹲在盛蛎头的筐边，一手拿着改锥，一手用抹布垫着还带着泥儿的蛎头，找准部位一撬，鲜溜溜的蛎肉就露出来了，用改锥尖儿挑起蛎肉直接送到嘴边，“刺溜”一声把蛎肉吸进嘴里，再咬一口金黄的苞米面饼子——这是最正宗的杏树屯式吃法。一顿吃不完，他们会用雪培上，放在背阴的地方，“雪藏”的海蛎子能保存一段时间。

这些年，不断有人离开家乡，到外面闯世界，成为杏树屯的游子，可是不论他们见过多大世面、吃过多少美味，蛎头就饼子仍是魂牵梦绕的最爱。北风一起，他们就会想方设法托人回老家收袋海蛎子回来吃……

▼老镇往事

秋色渐浓，漫步老镇中心大街，我感受到老镇恬淡、笃定的气息。

街上大多是上了年纪的人，他们步履从容、神色平和，迎面走来，远远地就打招呼，待走到跟前，总是能找到攀谈的话题，好像这儿的人都沾亲带故。

晨光里，始建于上世纪 20 年代的老火车站功勋元老般泰然矗立，街面上能与它论资排辈的，只剩下马路对面几间墙体斑驳的砖瓦平房。

始建于上世纪20年代的老火车站泰然矗立

据说，这里旧时是老镇最红火的商业中心，有锡匠铺、豆腐房、肉铺和掌鞋铺。现在，这排平房只剩下几间了，其中一间俨然成了“老干部活动室”，几个老汉正在全神贯注地打扑克。对我的突然造访，他们没有一点思想准备，思路一下子凌乱了，讲述于是就缺了时间要素——

俺们这儿有个猴石村，跟“后石村”不是一回事儿。俺们海里原本真有像猴一样的石头，面南背北，后来，从南面来了一帮人，把猴头砸了，他们说，这些猴子吃在南面、拉在北面，穷了南面、富了北面。其实俺们这儿那年头穷的呀！

当初，小鬼子侵略中国，就是从杏树屯猴石海边登陆的，听老辈儿讲，是个叫刘秧子的人把小鬼子领上来的，小鬼子的船大，停在海里，用小船把鬼子兵泊上岸。据说小鬼子带了不少钱上来，刘秧子自己留下了一些钱，发财了。后来？当狗腿子有啥好下场？后来被毙了呗！

资料记载，日军在杏树屯猴石海岸登陆确有其事，发生在 1904 年 5 月日俄战争期间……

秋日的阳光透过敞开的门窗倾泻下来，老汉们一边捻着扑克牌，一边絮絮地打捞着记忆深处的老镇往事。

▼寒门走出世界冠军

杏树屯有一条新修的柏油马路，被命名为“冠军路”，路名缘于这个近万户人家的小镇走出过两位体坛世界冠军。

一位是竞走运动员徐永久，相信她的名字更能唤起人们对上世纪80年代因中国田径走向世界而激发出的强烈国家荣誉感的记忆。

出生于1964年的杏树屯女子徐永久，被誉为“神行太保”。媒体曾这样定义徐永久：“她曾经是中国田径史上石破天惊式的人物。时光倒流到1984年，在挪威小镇卑尔根，新雨初停，中国姑娘徐永久为祖国赢得了前所未有的荣誉，荣获第三届世界竞走比赛女子个人冠军，这是中国田径史上第一个世界冠军。”

那次比赛，徐永久以21分41秒的成绩打破5000米世界竞走纪录。

徐永久先后4次获得国家体育运动荣誉奖章，1994年，徐永久被评为新中国成立45周年中国体坛45英杰之一。

另一位，是夺得2000年悉尼奥运会女子举重75公斤以上级冠军的丁美媛。

一个名不见经传的辽南小镇，为何能培养出两位体坛世界冠军，这个问题一度引起人们热议。

对此，杏树屯人自己的理解是：穷人的孩子早当家。农村艰苦生活的磨砺，使她们拥有了强健体魄和吃苦耐劳的韧性，凭着一种“咬紧牙关，坚持到底就是胜利”的信念，她们成为寒门飞出的金凤凰。

▼受益改革开放，赢得“第一桶金”

除了体坛冠军，杏树屯还不断走出纵横商界的企业家和决策一方的政府官员。在大连地产界，至今流传着上世纪八九十年代一位杏树屯籍企业家半百之年开始创业、蹬自行车上工地的创业故事。

年届古稀的刘金涌早年创业吃了不少苦，如今已经能够泰然地享受生活。年轻时，他曾随建筑工程队走南闯北，翻砂子、拌水泥，从当力工干起，直到有了自己的建筑队伍。现在，晚辈接过了他肩上的担子。

说起早年打拼的经历，刘金涌说：“那时真是穷磕了，在生产队挣工分，一年到头见不到几个钱，日子捉襟见肘。有人悄没声儿出去闯荡，奔着有个活路，出去一天，得给生产队交两块五买十个工分，那时候，八分五就是一斤苞米的价钱。”

刘金涌记得，当时村里有几个匠人，揣着砌砖、抹灰、木工活手艺，他们率先离乡背井出去闯世界，有的人年底用饭盒装着打工挣的钱捎回家，这让大家的心眼都活动了。

改革开放后，大批杏树屯青壮劳力在“先头部队”的带动下奔向城里，当年城里百废待兴，大搞经济建设，正是用人的时候，一批反应机敏、头脑灵活、有手艺的杏树屯人率先在城里淘到人生第一桶金。

“能成就事业的这批人，都是从最基层干起的，肯吃苦能吃亏。”“吃得

渔港连通海岛与内陆

苦中苦，才能尝到人生的甜滋味。”一辈辈的人生实践，让杏树屯人得出这样质朴的生活感悟。

▼国家级渔港搅活老镇这湾水

2005年，往日寂寥冷清的杏树屯海边突然热闹起来。

在一个原来仅能停靠三五十艘小舢板的挖掘式小港的基础上，一个重力式沉箱式结构的大型现代化渔港开始动工兴建。这个渔港按照国家规划、政府扶持、市场运作、民营投资的机制建设。全部工程累计投资5亿元，港口面积370万平方米，水域面积200万平方米；港口海岸线长2100米，防波堤长3800米。

2009年10月，杏树国家级中心渔港通过农业部验收。按照规划，这个港口未来建设目标是集客货码头、成品油码头、水产品加工物流区、修造船厂、油品仓储、综合服务功能区等为一体的现代化渔港。

据说，在杏树渔港的“民营投资”中，一位之前凭借吃苦耐劳挣得不菲身家的杏树屯人再次领军，成为敢于第一个吃螃蟹的人。

站在杏树渔港码头，面前的一排排渔船正在卸货，咸腥的海风将渔船桅杆上寄托渔家“一帆风顺”愿望的彩旗刮得猎猎作响，海鸥在港口上空上下翻飞。

杏树渔港是一个公益性海港，可为往来渔船提供免费的加水、加冰配套服务，在恶劣天气为渔船提供防台避风场所。自投入使用以来，杏树渔港的重要价值被越来越多的船家认可。2011 年，台风“梅花”凌晨 4 时扫过此地，在港外掀起 10 多米高的巨浪，拍坏了一段 100 多米长的大坝。因为组织周密、行动及时，所有进港渔船人员台风来临之前安全下船登岸，在海港围堰避风的各地渔船无一受损。

杏树屯与长海县海上距离仅六七海里，杏树港的建设让长海居民有了一条新的陆岛连接运输线。现在，每天从杏树港到大长山岛有一班客货滚装船和两班快船往来穿梭，长海人将这条航线称为“长海的西部大通道”。

建设港口相当于“筑巢引凤”。杏树渔港的繁荣为偏远老镇带来了期盼已久的物流和人流。

路上车多了，马路随之拓宽；以往全镇没有个像样的饭店，现在有了跟城市接轨的酒店、浴池；港口货物运输装卸都需要用人，不少当地农民可以不用远道外出打工，在家门口就找到岗位就业。

农民转变为工人，他们的生活方式在悄悄发生变化，不少在港口打工的小伙子买了车，开车上下班。

一位全程参与杏树港建设和运营的大连人举了个有趣的例子，以说明渔港给偏远老镇的居民在眼界和观念上带来的变化：“几年前，我刚来的时候，这里是僻静农村，当地人根本没有休闲、锻炼的意识，早晨我去跑操，总是遇到当地人好奇的眼神。他们觉得我挺可笑——有劲没地方使了，穿得整整齐齐的，跑一头汗，跑个啥劲儿？”现在？现在谁稀罕看晨练。

有渔港，就有水产品贸易。杏树渔港水产交易的日渐兴隆，催生了一个新的产业落户杏树屯。

2010 年 11 月，大连冷链物流及加工园区在此诞生，它是大连市政府根据全域城市化向北延伸拓展的实际需要，面向东北三省成立的唯一以发展新兴海洋产业和冷链物流产业为主的市级重点经济园区。现在，这个园区正努力向建设绿色生态海洋食品中心、海洋生物药医研发应用中心、冷链物流中心、绿色生态海洋食品文化旅游居住中心的目标迈进。

港口的兴隆和园区的落户，搅活了杏树屯这湾水，正悄悄地改变着老镇的面貌和老镇人的命运。

“风水轮流转”，就像当年的改革开放富民政策让杏树屯人生活改天换地一样，如今城乡统筹、全域规划的大背景下，机遇再次向杏树屯招手。

从未远去的繁华

周媛

岂容枯期嫌水浅，应惧雨季洪流湍。
老人犹自说春满，吊桥河上已无船。
百年古街砖匝地，万千商贾赚利钱。
小站仍堪经风雨，人生几如调车盘。

城子坦

▼老镇名片

城子坦镇位于普兰店市东部，碧流河畔。曾用名城子疃，1965年8月更名为城子坦。

面积248.42平方公里，人口7.39万。

2010年9月，城子坦被列为省级历史文化名镇。2013年，撤镇，设立城子坦街道。

吊桥河、春满桥、百年老街、三等小站，这些颇富文艺色彩的符号激起我对辽南古镇城子坦的强烈好奇。江南古镇西塘、华北古镇平遥、客家古镇洛带、滇西古镇丽江，我都曾走马观花，偏偏就在身边的古镇，一直以来是我的视觉盲区，若不是为完成“大连老镇”系列报道，千年古镇城子坦，不知还要与我擦肩而过到何时。

从大连市内到城子坦怎么走？我在百度的搜索栏里敲下这个问题，得到让我大跌眼镜的答案：“坐火车，3 小时 51 分到。”天呐，坐高铁，两个小时到沈阳了，3 小时 51 分，城子坦有那么远吗？一位朋友是城子坦的女婿，问清楚我的造访意图，给出的建议是，走丹大高速，在城子坦下道口直接进镇里，“120 公里，一个来小时就到，一点儿不打麻烦。”他咯嘣溜脆的回答，一下子拉近了我和这座想象中的古镇的距离。

高速公路绿化带旁的风景，从都市的高楼大厦过渡到工业区的厂房、烟囱，再后来换成田野、农家。空气从城市热岛的温度逐渐变得凉爽，风里夹杂着绿植和炊烟的气息，偶尔也会飘过农家肥和大牲口的气味。

这时，路牌上的“城子坦”出现了。

▼鱼市街：活在记忆里的沸腾

有人说，城子坦作为省级历史文化名镇，一个重要的标志是镇里有一条俗称“鱼市街”的百年老街，那里曾经是商贾云集、人声鼎沸的码头集市，直到现在还保留着老街原有的空间布局和建筑风格。

我探访城子坦的脚步就从这条老街开始。

鱼市街现有1200多米长，依傍在蜿蜒奔涌了10余公里、在此汇入碧流河的吊桥河河畔。河的上游，据说由山涧水汇合而成。我去的时候，吊桥河水量并不大，奔流到此已经非常平缓，偶尔落差处，呈现浅浅的湍流，河水不算清澈，河床两岸是黑色的淤泥。

给我当向导的街道文化站宣传员彭德林说，别小瞧吊桥河，涨大潮的时候，也是水势汹涌，常常没过跨河的石桥。1961年，就是这条河涨水，卷走了两个农家女孩，驻军某部排长郑春满勇救落水儿童光荣牺牲，为纪念这位子弟兵，人们把石桥命名为“春满桥”，原来的“鱼市街”也改名为“春满街”。

彭德林也是听老辈人说，吊桥河从前是可以泊大船的，现如今河岸上还偶尔可见泊船的桩子。当年，每到初一、十五涨大潮的时候，大型的动力捕捞船能直接泊在吊桥河岸边，卸船的、挑鱼的往来穿梭，整个码头人声鼎沸。

船上卸的鱼虾海货，被挑到旁边的鱼市街上，趁新鲜批发零售，鱼市街于是渐成气候，这大约是上世纪30年代到40年代的事。

没有吊桥河，就不会有鱼市街。年届古稀的城子坦人邱模堂形容：“鱼市街与吊桥河肩并肩手挽手，像一对恋人一样一路蜿蜒而行。”在他的记忆里，直到上世纪50年代，吊桥河两岸还是一望无际的芦苇，风吹苇动见碧水，渔家小船的帆影和小红旗在青纱帐里若隐若现……

鱼市街因港而兴，路面宽不到十米，据说原来长2000多米。现有房屋460余间，住着150余户人家。上世纪三四十年代，这些房屋都用来开店，有鱼行、药铺、绸缎庄、杂货店、剃头棚、烧锅、饭馆和旅社，大小买卖加在一起有百十来家。

鱼市街的建筑样式定格在清末民初，穿行在此，仿佛置身电视剧《闯关

老街上的老房子

鱼市街昔日的热闹成为当地老人的回忆

东》的某个桥段里。路两旁是溜直的两行“人”字屋脊平房，有典型的东北传统民居和胶东民居特点，多数房子用石材做底，墙体青砖或红砖罩面，硬山式的山墙，房顶都是灰扑扑的鱼鳞瓦，在房檐处用一排同样灰扑扑、压出简单花纹的瓦当收边。

鱼鳞瓦是中式传统民居的典型符号，小镇人祖祖辈辈都在鱼鳞瓦的屋檐下长大。屋脊上，鱼鳞瓦垒成的花瓣和元宝图案，默默寄托了父老乡亲对于幸福、富裕生活的向往。

道边的这两排平房中，要说外表花哨点的，是嵌着“集义药房旧址”铭牌的老房子，门脸稍微露出些中西合璧的味道，大门旁有两根浑圆的西式廊柱，门上用水磨石的小牌楼做造型，这些建筑符号在某些现代日式建筑里隐约可见，夹杂在一排中式民居里，显得有点稀奇古怪。如果知道了城子坦在近代那段“一镇两国”的屈辱历史，这种建筑样式也就不足为奇了。

鱼市街因港而兴旺，也因港而落寞。在热闹了数十年后，据说，因为一座铁路桥飞架在吊桥河下游，出海的大船受阻，不能再逆流而上泊在吊桥河码头，这里的喧闹才渐渐退潮。商家搬走了，店铺改成了住户。镇上盖了新楼，年轻人纷纷搬进新楼或者干脆进城打工去了，现在，鱼市街的常住居民多半是对此地有深厚感情的老人。

地处碧流河边，又是低洼地带，鱼市街汛期经常发大水。2012年的“8·5”洪灾，鱼市街上水位最深处达两米多，沿街民房大多只露出屋顶，当地政府和驻军紧急组织群众疏散，创造了无人伤亡的奇迹。大水退后，故土难离的居民们又搬回来，按部就班地过日子，每天早晨，鱼市街的炊烟照常升起。

▼“界河”：曾经为奴的刺青

中国近代史上写了城子坦的一笔，是人为刀俎我为鱼肉的一段屈辱历史。镇中心一座无名的小桥，曾经如同纹在古镇额头的奴隶的刺青。

19世纪末甲午战争之后，沙俄导演了一场俄、德、法三国干涉还辽的闹剧，不久，沙俄与清政府签订《中俄旅大租地条约》，租借旅大3200平方公里土地。由于当时山海关以东的地区称关东，因此旅大租借地被称为“关东州”，租借地北界向北推进，西到半岛西岸的亚当湾（今普兰店湾）北岸，东到貔子窝（今皮口）。

1904年2月，日俄战争爆发。次年，俄军战败，日俄签订《朴次茅斯和约》，战胜国日本将“关东州”扩至城子疃，以城中心街小桥为界，南属日本殖民当局管辖，称城子疃；北属清廷复县，称复东镇。1931年“九一八”事变后，伪满洲国建立，复东镇归伪满洲国管辖。

据老人们回忆，当年，作为边界线的小桥两端，分别有伪满洲国的警察和“关东州”的警察把守，对经过此地的商贩百姓盘查和征税。其实，两边都在同一个侵略者主子的实际控制之下，关卡并不太严格，但是，侵略者为了伪装好傀儡政权这块遮羞布，还是力图让桥两边呈现出不同的风貌。于是，桥两头的警察就出现了令人哭笑不得的着装差别，关东州的“日本警察”制服笔挺、装备精良；复东镇的“满洲警察”制服土气、装备寒酸。“两国”的警察近在咫尺，待遇却“天壤之别”。

现在，河沟依然在，一段跨河沟的土路弱化了小桥的概念，不时有大货车从路上疾驰而过，扬起一阵尘土。河沟旁散布着不同时期的建筑，其中一栋二层小楼比较显眼，据说这是当年殖民者在“界河”边修建的配套建筑，现在已经改作商业用途，它默默矗立此地，看着这方土地的变迁。

▼火车站：渐行渐远的汽笛

盛夏的午后，我驻足在老镇东南、鱼市街尽头的站前广场上，那个让采访对象津津乐道、无限怅惘的小镇火车站就在我面前。

城子坦火车站是修建于上世纪20年代的金成铁路的终点站。火车从城子坦发出到金州站，旅客和货物可以转车到大连；不过从金州驶来的火车到了城子坦，铁轨就到头了。据说最初这是条私人铁路，日本人占领该地区后，将铁路支线延伸到此，为的是方便掠夺庄河以北地区的物产和资源。侵略者在城子坦盘踞了40年，这条铁路是他们掠夺东北物产的唯一东边通道。煤炭、木料、粮食、海盐等通过城子坦铁路运往大连港，再海运到日本或侵略前线。

金城铁路在原本不顺路的金州亮甲店还有一站，据说，当年亮甲店有个巴姓大地主，为让自己家也沾点铁路“香赢儿”，专门托人找到铁路修建方，说服人家在他门前拐了一下。金城铁路全长100多公里，有大小10个站，火车跑一趟下来需要三个多小时，因为途经多处山地丘陵，爬坡时走走停停。人们把当时走这条线的情景当笑话说：“上坡火车使不上劲儿，在坡下吭哧吭哧上不去，费劲巴力上到半截腰实在撑不住了还要往后退。车上的人坐着无聊，干脆从车窗跳下去，在铁道两边的花生地里搂花生，搂完拿大布衫一兜，爬上车一边扒花生一边等火车磨叽。”

城子坦火车站

城子坦人曲守志说，因为当年城子坦是终点站，这里的铁轨是单行路，火车头调头都和别的地方不一样。日本人最初在轨道尽头修建了一个转盘，火车头在这里上转盘，再挂到车厢的另一头原路返回。后来，转盘装置出了故障，火车返回时，只能像推土机一样，由火车头在后面推着车厢往前跑。再后来，苏联专家通过“人字轨”方案解决了这个技术问题。

在火车还没有通到庄河之前，城子坦站是南来北往的铁路、公路货运集散地，钢材、煤炭、石油、水泥、木材、成品粮油以及生活用品等等，都在城子坦火车站中转。庄河以北地区的工矿单位纷纷在这里设办事处，这些单位大多和物资打交道，在计划经济年代，是“油水”比较足的地方，各家办事处派驻人员中的未婚小伙儿就成了镇里姑娘的“抢手货”。

曲守志的爱人是铁路职工，当年在火车站窗口卖票，因为是内部人士，比较了解情况，经常被亲戚拖着做媒。别说，还真撮合成了好几对。改革开放后，这些单位的经营状况发生了变化，有的裁员，有的改制。那些最初欣喜于捧上铁饭碗的家庭，生活状况也随之改变，有人下岗失业，生活拮据；有人商海弄潮，赚得第一桶金。

花无百日红。人生本就是这般变幻莫测，谁又能一眼望到底呢？

早先，从城子坦站发出的客列每天两班，发车时间分别是凌晨和午后，是家住杏树屯、登沙河、亮甲店、盐场等地，在大连、金州上班的工人的“通勤车”；庄河以北地区的农民有时也挎着筐上车，把地里收的花生、水果或退潮时赶来的海鲜拐到城里卖。

每年冬季，这个小站还作为“兵站”，担负入伍新兵、退伍老兵的运送任务。

上世纪六七十年代知识青年大下乡，城子坦火车站呈现出别样的热闹。到明阳、步云山、青堆子等地接受贫下中农再教育的大连知青下乡、回城，就在这里换车。

一位当年的大连知青，有这样一段小站回忆：“下乡才两个多月，我们六七个知青想家想得没抗儿，坐公汽到了城子坦，已经赶不上去大连的火车了。行李房旁边有小旅社，我们不舍得住，就在火车站里打地铺。有一对知青恋人，男的让对象枕着自己的大腿睡，他轰蚊子，一直没合眼。凌晨火车来了，他腿麻得都站不起来了……”

改革开放后，金城线从城子坦向东延伸到庄河，庄河成为这条铁路的终点站，城子坦的交通枢纽地位被取代。现在，城子坦站已经基本废止不用，取而代之的是位于金城——城庄线上的城子坦南站。

耄耋之年的城子坦火车站如今门庭冷落，天空偶尔掠过的鸟鸣显得格外清脆。车站大门紧锁，透过玻璃残缺的窗棂向里张望，候车室空空荡荡，粉墙斑驳、地面返潮，只有高大的木制门窗让人依稀可辨它盛年时的模样。行李房旁边，一排水泥捣制平房的墙上，“旅社”“冷食部”的字样清晰可见，好像在絮叨这里当年是何等热闹。

在我看来，落寞已久的城子坦车站就像一位阅尽沧桑、宠辱不惊的老者，正默默回味着曾经落在它眼里那些芸芸众生的苦涩与艰辛、青春与梦想，还有一幕幕执手泪眼、聚散离合的人间悲喜。

漫步在小镇的街巷、市集、老屋、旧址，听生于斯长于斯的老百姓讲述日出而作日落而息的老镇生活；和与城子坦有着或深或浅渊源的异乡客一同穿越时空，回溯他们在老镇的喜怒哀乐逝水流年，我和讲述者一道颔首蹙眉,感慨老镇命运的百转千回、生生不息。

船走了，码头没了，但祖祖辈辈靠海吃海的习惯啥时候也改变不了。在小镇的中心市场，海鲜摊位仍占据大半江山。一位大姐摊子上的一盘小蟹子引起我的好奇，她告诉我，那叫嘟噜蟹，长在河口“两和水”（河水海水汇合）的地方，退潮时，泥滩上一个个小窟窿眼里都是这玩意儿，跑得“血”快。大姐出售的嘟噜蟹已经用盐水、花椒、姜片、葱段和辣椒丝腌过，当地人买来家直接生吃，是下酒好菜。还有一种叫羊角鲜的海鲜，生活在大连海边的我竟然从来没见过，回报社问同事，大家也纷纷摇头。卖羊角鲜的摊主见我“少见多怪”，一个劲儿建议我买一斤回家炒辣椒，“就是鲜”。

火车站挪地儿了，交通枢纽优势不再，运输相关企业没有前几年红火了，原来“四运”（新金县第四运输公司）的工人不少转行另寻生计。

如今的城子坦有规模企业十余家，以大森为龙头的服装加工业已成为工业主导产业。水貂养殖、棚桃生产、订单水稻、蔬菜温室大棚和肉鸡养殖是该镇五大农业支柱产业。该镇下辖的碧流河村人均养貂纯收入几年前就已过万元，成为名副其实的“东北养貂第一村”——关上一扇门，打开了一扇窗，默默无闻好像从来不是城子坦的生存选项。

2010年9月，城子坦经过有关部门测评、专家听证，终于被列为省级历史文化名镇，是继复州城后第二个获此“封号”的城镇。如何用好前人留下的这笔丰厚的无形资产，也是城子坦官方、民间绞尽脑汁、煞费苦心的题目。

访谈中，不止一位城子坦人流露出他们对地处“神经末梢”、怕政策优势鞭长莫及的顾虑。

曾经熙熙攘攘的城子坦街市，如今稍显冷清，但主道上鱼贯的车流，中心市场不远处竖起的塔吊，以及被新建楼房不断推高的天际线，都流露出城子坦寻求破茧的热望。

厚重、恬淡又略带几分躁动与不甘。癸巳年仲夏，千年古镇城子坦就这样于烈日骄阳下呈现在我的面前。

▼口述·记忆

在城子坦采访，有两个问题一直萦绕着我：人们常说，火车一响，黄金万两。作为辽南地区较早通火车、又是商贸物流中心的城子坦，为什么没有出现富甲一方的名门大贾？早年间，在人声鼎沸、车马喧阗的鱼市街，来来往往的人们到底是什么生活状态？

19岁来到鱼市街、22岁当上鱼行老板、现已94岁的王明章老人，用他的记忆碎片让我大致拼接出上世纪40年代前后城子坦普通百姓的生活画面。

鱼行老板出身农家　税官张口一天白干

王明章老人如今独自一人住在鱼市街上一套老房子里，人生即将走过一个世纪，两任老伴儿都先他而去，住在街里的儿女负责一天三顿给他送饭。

走进老人的屋子，耳聪目明的老人家说："我孤老头子一个人住，也不收拾，记者别见笑啊！"其实，屋里实在说不上邋遢，也没有任何怪味儿，看得出房间的主人是个利索要强的人，尽管陈设简陋但井井有条，墙上的月份牌正好撕在当天那一页。

老人大脑门儿、双眼皮儿，尽管脸上刻满岁月的风刀霜剑，但仍看得出，他年轻时是个浓眉大眼的帅小伙。

老人的讲述从他19岁那年的二月二，跟着父亲蹚过没腰深的碧流河冰水走到鱼市街说起。之前，农家后生王明章生活在庄河长岭镇，他是老大，下面还有两个弟弟、两个妹妹。他在村里读了两年小学，教书先生不知怎么把铺盖丢了，一气之下撂挑子去了镇上，学堂停办了，有的同学便走远路去别的地方继续念书。王明章的母亲过世了，生活拮据，家里的几亩薄地根本养活不了兄妹五个，12岁的王明章只好辍学回家帮父亲种地。父亲农闲时常常到城子坦鱼市码头卖力气挑鱼赚点钱，这总比庄稼地来钱快点儿。王明章在家种了几年地后，爷俩一商量，父亲决定让王明章到鱼市街闯闯。

从老家到城子坦，跨过碧流河是捷径。刚出正月，天寒地冻，王家爷俩为省钱，这一路全靠脚力。过碧流河时，看看河上冻得还挺结实，爷俩一前一后走上了封冻的河面。走了一大半了，脚下的冰突然酥了，越走化冻的地方越多。调头回去已经来不及了，爷俩咬牙硬着头皮蹚在冰水里，一脚下去，冰碴子齐腰，等到了岸上，王明章的腿已经没有知觉了。父亲说，不能停，一停腿就完了！王明章又冻又累，机械地跟在父亲身后挪动双腿……

第一次站在鱼市街上，王明章的眼睛不够用了——店铺一家挨一家，人流熙熙攘攘，叫卖声不绝于耳。父亲把他领到一家熟悉的鱼行里，跟掌柜的商量，让儿子在这里当学徒。掌柜上下打量王明章，问他认不认识字、会不会打算盘。正犹豫间，旁边一个生意人打扮的汉子拽住王明章的胳膊，说："这小伙儿看着挺机灵，跟我走吧！"生意人一边跟掌柜打哈哈，一边拽走了发愣的农家娃。

那个人是王明章第一个老板，其实他的生意就是个卖鱼的地摊子。头一年，王明章拿到30块工钱，相当于一个庄户人家年收入的六成，但是夏天一身鱼虾腥臭、冬天满手冰碴子，早起晚睡、三餐不定时，还总得看老板的脸色，也遭了不少罪。好在，王明章弄明白了干鱼行的道道儿。第三年，老板许诺工钱翻番，王明章却想找人搭伙自己干鱼行了。

最初，是五个人合伙，王明章年纪最轻，但人机灵，那四个人推选他当经理。五个人租了个铺面，鱼行取名“同心成”。不久，两个合伙人退出了，鱼行改名“三益兴”。那一年，王明章22岁。

“三益兴”规模很小，只能干零售，买主是镇上的住户，偶尔周边农村的人家也来买鱼。其实，鱼市街没有大买卖，就算最大的鱼行也不过养四五条风船，打鱼最远能去大小长山岛、海洋岛，头天去次日回。渔船一到，码头上立刻热闹起来，卸船的、挑鱼的、七嘴八舌讲价钱的……鱼的品种不老少，有黄花、同乐、刀鱼、华子，还有虾、蟹子等等。小本生意，王明章上货多半是黄花、刀鱼、鲐鲅等常见品种。

“鱼市街有日本人雇的税务员，来回逡巡，收多少税全靠他眼睛打量，常常是税务员一开口，这一天的买卖就算白干了。你还不敢还口，人家是给日本人干活的，咱老百姓哪敢得罪？”“鱼市街商铺的房子，产权是日本人的，每一套营业面积都不大，所以这趟街上的买卖干不起来。”一直让我疑惑的、城子坦为什么没有大户人家的问题，在王明章的这段讲述中找到了答案——在殖民者侵略铁蹄下，民族工商业怎么会有发展空间?

娶媳妇摆了三十桌　五桌留给叫花子

王明章24岁的时候，提亲的来了，媒人是本家侄子，比他这个“叔叔”大20岁。侄子在镇南十里地外的小日本盐场晒盐，管他的盐把头家里有个19岁的姑娘。侄子觉得王明章和把头家的姑娘挺般配的，就上门跟他提。开始，王明章觉得不行，自己没有妈，老家在农村，穷得够呛，当个鱼行经理，不知底儿的以为有多少钱，其实惨淡经营，仅仅能维持温饱。

可是，大侄子说了好几次，“把头家也是普通人家，不图有钱，人好就行。人家听说你这么年轻自己做买卖，挺看重你的。”王明章心被说活了。盐把头在自己场院里垒了一排窝棚，租给晒盐工住，侄子也住在窝棚里。有一天，王明章收拾利索了，去窝棚看侄子，实际上是去相亲。侄子把把头的姑娘叫出来，在门口和王明章见了一面。姑娘害臊，一问一答也没说几句话。王明章寻思人家看不上他，没几天，大侄子捎信说，姑娘看好了，把头想见见他。

王明章初次登未来岳父家门挺正式的，带着点心，老爷子留他吃了顿饭，姑娘的婶子、大娘等三个老太太从上到下把他好一顿打量。回来后，王明章就张罗结婚的事了。给姑娘家送了100多块彩礼钱，还送去托人在朝鲜买的金丝线让姑娘做嫁妆。他在镇上租了两间房，请人掌勺，五谷杂粮、小鱼毛虾掂对着做，喜宴摆了30桌。娶媳妇那天，他雇了四辆二马车，扎着大红花，去老岳父家接媳妇。

王明章说，结婚都是他自己张罗

的，一点儿没让父亲操心。摆喜酒前一天，他把父亲从庄河老家接来了。30桌喜宴，有五桌是留给叫花子的。“俺老爹告诉我，有个叫花子来歹（吃）了两三遍，我说，叫他吃吧，要不怎么办？”

新婚第三天，王明章就把新娘子送回了庄河老家。“骗她说，我隔两三天回来一趟，结果再次回家都是两个月以后了。”“住在镇上还得另租房子，再说家里没了娘，老爹、弟弟妹妹也得有人照顾。”“媳妇从上百户人家的屯子嫁出来，到俺家穷山沟里。赶到我回去，天天跟我眼前儿哭，说我心狠。唉，没有办法……”直到有了大儿子，弟弟妹妹也相继成家，王明章才把媳妇、儿子接到城子坦团聚。

在老人的家里，我遇到了来送饭的老人的大儿子，他已经70多岁，继承父亲的基因，身板硬朗。我问他：“小时候，你们家生活条件好不好？”他说：“能好到哪去？街上到处是要饭的。俺家饭桌上见的最多的是地豆子、黑乎乎的菜饼子，管什么都蘸大酱吃。”

王明章的鱼行一直干到上世纪50年代合作化，此后，他成了商业职工，他的大儿子参加工作，在新金县第四运输公司一直干到退休。

皮口

海港小镇故事多

周媛

千年码头听潮涌，生鲜蛤蜊余味回。
白头翁媪讲神话，玉面书生翻纸堆。
老街犹有旧行在，但见行人不见碑。
貔子窝前鸥鹭飞，牛眼坨下河豚肥。

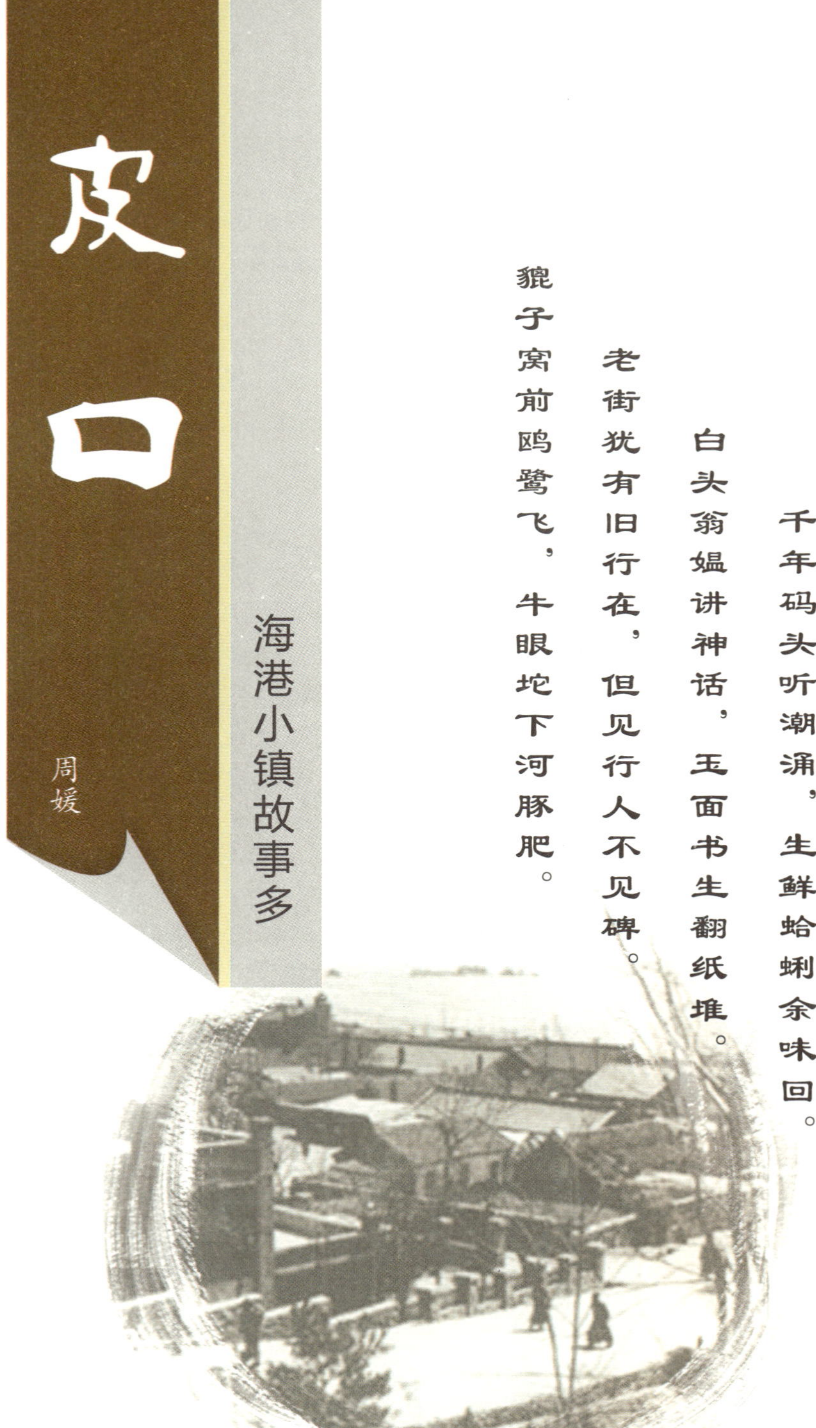

皮口港客运站成为老镇新地标

▼老镇名片

皮口地处普兰店市东端，曾名貔子窝，是一个有着悠久历史的古镇。清末，貔子窝曾先后被沙俄和日本侵占，一度成为区域行政中心。

皮口港是大连东部沿海距日、韩最近的口岸，是一个集客、货、渔为一体的综合性港口。

皮口是大连市重点开发建设的小城市，是普兰店市发展的次中心。2000年被辽宁省确定为中心小城镇，2004年又被国家六部委确定为全国重点镇。

▼皮口港：长山列岛与大陆连接的脐带

听说我要去老镇皮口探访，一个朋友热情地向我描绘留在他记忆深处的皮口：“你千万别将它等同于普通的乡野村镇，皮口可不是一般的老镇——那是个古朴兼具现代气息的小城。鸥鸟翻飞的海面上，船影点点。汽笛长鸣，客轮离岸，从烟波浩渺的海上回望，建筑物依山势次第提升，小城风景尽收眼底……”

一个薄雾缭绕、细雨霏霏的清晨，我动身去皮口。一路上酝酿情绪，准备蕴染一幅水墨丹青的图画。抵达老镇，雾霾仍未散尽，骄阳却急不可耐地上阵了。皮口明晃晃地呈现在我面前，高大的商厦、拥挤的车流、熙攘的街市、与都市接轨的各类时尚品牌和临街商铺喇叭里循环播放的促销广告，让我一时有些时空错乱，那一幅水墨丹青的腹稿旋即被数码技术的喷墨彩绘替换……

皮口第一次在我记忆中挂号，源于十多年前的一次采访。那时，我刚入行不久，整天抓着报社征集线索的call机不放。有一天，液晶显示屏上一则有乱码的信息触动了我的新闻神经——那是一个九死一生的传奇经历。我循着那则“乱码”提供的隐约信息赶赴新闻当事人的家，他住在皮口。

那是个身材精壮的中年汉子，自述在皮口镇上一家企业上班，干两天休一天。休息的那一天，他觉得“宅”在家里实在浪费，打算养一条船干捕捞增加家庭收入。初冬的一天，汉子约上堂哥，去丹东东港买船。中午，他们到了东港，二手船交易过程很顺利，黄昏时分，他俩已经上了买来的小马力渔船。汉子幼时曾在渔船上帮过工，觉得摆弄小船小菜一碟，想连夜把船开回皮口。临上船前，他在东港码头买了点咸灯笼鱼，算“出差”一趟给孩子们带的土特产。没想到，这竟是一次惊心动魄的冒险之旅。

多年没驾过船的汉子想得很简单——沿着海岸线一路向南，见到码头就是皮口了，他打算天亮前到家，换身衣服再去上班。

冬天的傍晚，天很早就擦黑了。船刚开出码头不久，意外发生了——小马力发动机停摆，失去动力的渔船很快断了电，无助地在北风呼啸的海面顺流漂泊，离岸也越来越远……

食物就是那一小袋咸灯笼鱼。晨昏交替中，汉子和堂哥在饥渴、寒冷、恐惧中煎熬，等他从奄奄一息的昏迷中醒来，眼前是一个叽里呱啦喊话的陌生面孔——七天七夜后，他们漂流到外海，被外国军舰发现了……

“海上漂流七昼夜”，这段传奇经历有个悲怆的结尾：汉子和堂哥生死永诀，倾囊购置的渔船完全报废。

稿件见报，当事人奇迹生还后的窘境引起社会同情，报社还为他募集了一笔善款……

那次采访，来去匆匆，注意力又全在事件上，我根本没留心小镇的面貌，也没有注意当事人经历中透露出的有关小镇的信息：皮口滨海临港，百姓有养船捕捞的传统；皮口离丹东很近，近到可以当天往返……

《大连市志·港口志》中记载，皮口港位于辽东半岛东南部，地处东经122°21’、北纬39°34’，是东北地区最大的陆岛交通港，也是普兰店市唯一的海上窗口和通道，距长山列岛仅有8海里，是长海县距大陆的最近点。距丹东128海里，距韩国仁川港243海里，距日本长崎港457海里。

皮口港历史悠久，早在明朝永乐年间就是辽南的一个重要靠泊点。清代雍正初年辟建港口，发展为商埠，海运贸易渐渐兴旺，曾有“北有没沟营(营口)，南有貔子窝”之说。貔子窝港口滩涂平坦，满潮时海水逼近街市，装卸货物方便。据《奉天通志》载：“貔子窝往时为帆船第一码头，沿海一带及山东、朝鲜之商贾咸来互市，颇称繁盛。”20世纪30年代，江浙闽诸省船只多有出入。

皮口港属自然港，最初由一条土堤连接码头。1945年，新金县政府在貔子窝港组织90余艘民间机帆船、木帆船往返于山东烟台、龙口等地，接运八路军山东部队和地方部队万余人。部队从皮口港登陆后分赴东北各地参加解放战争和地方建设。

1948年，为支援解放战争，新金县政府组织370艘民间木帆船航行于安东、大孤山、青堆子和大连之间，运送粮食、军需物资、工业原料及日用杂货等，总量达1.9万吨，为粉碎国民党军队的封锁起到重要作用。

从上世纪70年代末开始，皮口港建设进入加速度发展时期，土堤变成了石坝，逐渐加宽延伸。如今，皮口港已修筑海上引堤3600米，是一个集客、货、渔为一体的综合性港口。客运主要至长山诸港，有13条客运航线通往长海县，23艘客船与诸岛通航，到长海县最快仅需20分钟。

我走在从小镇伸向码头的长长引堤上，海面波峰翻涌，展翅掠过的海鸥“噢——呀——”拖着长腔，好像在吊嗓子。

现在这个时候，是皮口码头最忙碌的季节，不断有客轮载着甲板上一片兴奋舞动的手臂徐徐离港远去，螺旋桨翻起浪花，在铅灰的海面划出一道道雪白的弧线。船上的乘客多半是来自大连市内和东北的游客，因为向往海岛人家撒网捕鱼的浪漫和渔歌号子的豪迈，攥着船票登上赴长山列岛的客轮。他们的目的地可能是广鹿岛，也可能是瓜皮岛、蛤仙岛。这些游客大多三五结伴，在出发前就约定，晚上要饱餐一顿渔家乐，再通宵打滚子斗地主，天亮后跟渔家大嫂赶海捉蟹，或者找船老大出海钓鱼。

来皮口前，一位曾经戍守海岛要塞的前辈告诉我，当年，皮口镇开往长山列岛的班船两天一班，因为速度慢、船体大，被称为“老牛船”。它是长山列岛与大陆间最重要的交通联系，上下岛的军民以及邮件，基本上都依赖于它的运输，它的每次到来都给岛上许多牵动，医院或下面的司令部总要派车去接船……彼时，皮口港就像海岛与大陆连接的脐带。

眼前，浩瀚的海面上，客轮渐行渐远。因为艳羡旅人们此行的丰富多彩，岸上的我情不自禁地向他们挥手致意，下意识里，希望他们返航时能“带回一盏渔火”，让我感受海岛的万种风情。

▼牛眼蛤：老镇人味蕾上的天下第一鲜

靠山吃山，靠海吃海。在皮口，出名的除了港口，就数海鲜。

牛眼蛤、桃花蛸、黄海带鱼、廷巴肘（河豚鱼），是让皮口人津津乐道的四大海鲜名品，其中，牛眼蛤尤其让当地人引以为傲。

从皮口走出的作家于立极，是我采写皮口的采访对象之一，他的作品多次获得冰心儿童文学新作奖。聊起皮口的风物人文，擅写儿童文学的于立极思绪长了翅膀般，飞回18岁之前哺育过、滋养过他的老镇，话题三绕两绕就绕到那些让人垂涎欲滴的海鲜。

他告诉我，牛眼蛤是一种味道十分鲜美的贝类，小时候，一退潮，赶海的人就会跑到泥滩上掏牛眼蛤。牛眼蛤长在黑色的海泥里，退潮以后，放眼望去，滩涂上有一个个扁洞，把手伸进扁洞，大概要一直掏到胳膊肘那么深，指尖就会碰到些“磨石蛋”，掏出来在清水里涮一涮，灰蓝色的牛眼蛤就原形毕露了，有经验的赶海人不多会儿掏个百十来斤没问题。

赶海有赶海的学问，连走道都有窍门，于立极的姥爷就教过他走“赶海步”——轻下脚，快抬腿，据说这样才会走得又快又省力，还不会泥足深陷。学会了赶海步，却很少有用武之地，因为他是家里的独子，母亲总怕他赶海会遇到危险。

如今，沿海长堤已将海中的“牛眼坨”连成内陆（当年，牛眼坨是露出海面的一处地标性礁石）。记得有一次，于立极趁退潮时，偷偷跟小伙伴相约去赶海，在滩涂上走了二三里地，眼看到牛眼坨了，背后有人一把拽住了他，原来，是母亲闻讯赶来了。唉，小胳膊拗不过大腿，孩子只好乖乖地被母亲抓回了家。

牛眼蛤啥滋味？“就是鲜，比海蛎子鲜十倍。三四个牛眼蛤煮一大锅面条，根本不用放调料。”老镇百姓家餐桌上的菠菜牛眼蛤汤，就算拿星级大饭店的美味来也不换。现在，牛眼蛤已经不是赶海时随便能掏的寻常物了，大多被做了罐头出口海外，市场上偶然露面，一斤也得三四十元钱。前几年，于立极回皮口，专门带了几斤牛眼蛤回来，母亲撬开壳，用手指点了一下放在嘴里咂吧，点头说道：“这是皮口的，别场儿的牛眼蛤没有这个鲜味儿。”

让于立极念念不忘的，还有冬天用廷巴肘熬的鱼冻。这原是沿海人家过年待客的一道招牌菜，将去掉头的咸廷巴鱼片剁成块浸泡，在锅内添水，将鱼块下锅，加进事先泡好的黄豆、碎白菜，加酱油、大葱、桂皮、大料、茴香、豆蔻、砂仁等，熬出来的汤冷却，就成了别有风味的鱼皮冻。那滋味儿，绝非猪皮冻、鸡皮冻能比的。

另一位同为皮口人的作家，则在一篇回忆老镇的散文里描写了收获桃花蛸的情景：“桃花盛开的季节，‘桃花蛸’，也就是矮脚章鱼，也上岸了。那一年，‘桃花蛸’大丰收，牛车拉不完，队长调动年轻社员，用水桶挑。男男女女排成一排，扁担吱呀吱呀叫了一路，很好看。”

至于黄海带鱼，据说更是人间美味，只是现在出产量越来越小了，海鲜市场偶有出售，一条叫价200元，根本不愁卖。

从码头引堤往回走时，不时有大块四方“海田”闯进我的视野，打听当地人才知道，那是海参圈，之前大多用来养殖对虾，更早时是盐池。近代以来，皮口一直是制盐及盐化工业的重要基地，这里海滩与阶地相连，形成大面积的盐田和滩涂，是制盐的天然良场。

上世纪80年代开始，皮口对虾养殖业兴盛起来，得益于敏锐的商业头脑和市场预见，对虾养殖让不少当地人狠赚了一笔，据说，在万元户还比较稀奇的那个年代，皮口的"百万元户"大有人在。当年，受丰厚的经济收益驱动，筑池养虾蔚然成风，不少企事业单位也参与其中，有的学校的校办经济就是养虾，学校还组织学生挖海泥修虾圈、剥海红肉做虾饲料，把这作为学生劳技课的内容。

养虾让当地人快速致富，虾圈也曾是孩子们的乐园，经常有孩子拿海蛆跑来钓虾。

街头隐约可见的俄式、日式老房无言地述说着老镇的过往

放学之后，少年于立极就曾坐在虾圈旁，迎着习习海风看夕阳西下，不时有虾兵跃出水面，蹦到他手边，对这些自投罗网的铠甲水军，少年一律实行优待，捏着光滑的青壳把它们扔回池中。

在兴旺了数年后，养虾业逐渐饱和，精明的业户迅速转产，现在皮口的虾圈大多变成了海参圈，皮口海参品牌旗舰店也开到了大连市内。

▼李弄子：往事不该随拆迁被湮没

相传，皮口建城于唐代，兴旺于清雍正之后，至今已有1300多年历史。在辽南地区，千年历史的老镇并非俯拾即是。不过，今日皮口却是一派崭新面貌，大街小巷难觅老镇旧影，这大概源于经济发展的强劲驱动吧，那"沉舟侧畔千帆过"的往昔似乎已经随风而逝。

在当地人指点下，我在中心市场后身找到一条石板陡坡路，南北走向的坡路现存百米有余，路两旁青砖灰瓦的老式民居引起我的兴趣，它们房头连着房头，有些显然不是一个年代的产物，尤其是那些依附在院墙上的红砖的、洋灰的偏厦子，看上去像些赘生物，把老房子的原貌变得似是而非。但依我的判断，这条斑驳的老街，少说有上百年的历史，高大厚实的黑漆宅门

皮口现存的老街与新楼形成强烈反差

透露了老房子曾经的气派。

问了几个人，有人说这里叫李弄子，却没有人能讲出李弄子的旧事。一位自称出生在这条街上的半百男子正忙着搬家，他告诉我，我来巧了，明天开始，老街上的人家会陆续搬走，这里马上拆迁。

因为好奇，我在这儿拍了几张照片，回来查资料时无意中发现，那张在四合院门口照的照片，场景竟然与一张1894年甲午战争后的老照片惊人的相似。老照片上，门口有个日本兵站岗，照片说明是日军占领貔子窝后，把这里作为日军第一师团司令部……

彼时，这个四合院原本住着怎样的一家人？侵略者雀占鸠巢后，这家人的命运怎样了？这条街上曾有过怎样的婚丧嫁娶，又有过怎样的繁荣与凋敝？遍寻资料，我终究没有找到答案。

老街真的忘记这些往事了吗？明天，随着老街的拆迁，往事是否从此被湮没在过眼云烟里……

对于一个近代史上历经磨难、饱尝战火、炼狱重生的辽南古镇，那些见证了在血雨腥风年代里，先辈族人俯仰呼号、忍辱含恨的老房子，在如火如荼的城市建设面前，真的没有保留的价值吗？

李弄子，留给我一个沉重的问号。

▼传说

在皮口，似乎每个人都有一肚子神话故事，这些故事亦真亦幻、真假莫辨，听得人将信将疑，却又津津有味、欲罢不能。

貔子的故事

皮口，曾用名貔子窝。貔子到底是个啥动物？老镇人说得有鼻子有眼儿的，但是细一琢磨，谁和谁描绘得又都不太一样。

有人说貔子就是黄鼠狼，也有人说是似鼬像獾一样的小动物。还说，白貔子最有手段，常在路边迷惑人，使人看不清路，即便是熟悉的地方也会迷路。

传说，貔子通人性，喜食谷物，更喜欢吃鱼虾。古时候，皮口人家有厢房，貔子冬季就与人同住，杂物间是它们冬日居所。貔子多，预示家道昌盛。

把貔子描绘得最神奇的是作家于立极，他告诉我，貔子啊，长着猫头狐狸身，推断是狐狸的变种，古时候在皮口和山东一带活动。冬天下过大雪，貔子就会头戴斗笠，身穿蓑衣，叼着烟袋坐在磨盘上，见到有人来，它就会开口说话，问你："吃饭了吗？"

1894年，日军占领貔子窝后，把这里大户人家的宅院作为日军第一师团司令部

我倒！

尽管现在已经没有人说亲眼见过貔子，但皮口人愿意让你相信，貔子实实在在地在这里生活过，海边的狐仙洞就是貔子生活过的明证。

根据正在编撰中的《皮口镇志》之"皮口地区史料"记载，狐仙洞，坐落在老镇西南凉水湾至卡拉房之间的海岸线上，西老龙头山伸进海里约60米，顶端有个较大的缝隙，像个洞穴，洞北、东、南三面被潮水环绕，潮退时才露出海滩，洞西约60多米长的小路通到西崖上。据说早年，有人看到从下洞进去的狐狸又从上边洞口出来看大海，由此推断，此洞北通老白山（即白云山），南通广鹿岛……

慢着！列位看官发现没有，貔子窝在这里又成了狐仙洞！因为故事说得神叨叨，我远眺了狐仙洞的方向，没去造访。

鞠老板的传说

在皮口，还有一个发家致富的

传说，这个故事之所以让人印象深刻，是因为其传奇色彩中透着报仇雪恨的快感——

皮口镇大草市人鞠世德，开杂货店当老板。1904 年，日俄战争爆发，沙俄兵败北，逃跑时乘船到貔子窝登陆，去瓦房店乘火车北上。兵荒马乱的，貔子窝各家商铺不待天黑，都早早上板关门。

有天晚上，鞠家毛驴闹夜，逃跑至此的老毛子听到老鞠家店铺后院有驴叫声，发疯般地砸门，逼鞠老板套车给他们拉货。码头上，老毛子正一人扛一木箱从帆船上卸货，见小驴车来了，七手八脚把箱子往驴车上堆，让鞠老板赶车到沙俄衙门前的财神庙院里。箱子老沉，一个少说有一二百斤重。拉最后一趟时，老毛子兵着急都走到前面去了，没人帮着推车，驴拉不动车。鞠老板前后瞅瞅，卸下两个箱子掀进沟里。

等老毛子兵都滚蛋了，鞠老板悄悄把两个箱子弄回家，借烛光打开箱子一看，“我的妈呀”，那是满满两箱金锞银锭。借着这笔意外之财，鞠老板的生意越做越大，连大长山岛上都有了他家买卖……

鞠世德，历史上确有其人，此公生于1851年，百度百科记载，他17岁时在貔子窝裕泰福杂货店当学徒，1880年独资开设协昌益杂货店，后又开设德源油坊、德顺泰杂货店，均获厚利。1895年，鞠世德看到交通市场有前景，又开设德和顺作坊，专门制造四轮马车，被认为是大连地区手工工场业的先行者之一。仅10年左右，他便成为貔子窝杂货业巨头，工商界首富。1907年，貔子窝成立华商公议会，鞠世德为首任会长，换届多次，他一直连选连任，还曾担任当地二十四屯会长。

鞠世德活到91岁，1942年病故。

故事听到这儿，大学学历史专业的我来了倔劲儿，多方找资料，却没找到关于鞠老爷凭两箱财宝意外发财的旁证，心里嘀咕：这八成又是个杜撰的故事，安在了有名有姓的皮口首富身上。细琢磨，这个故事为什么会流传下来？大概是当年在强盗的铁蹄下，草民百姓敢怒而不敢言，无奈地用这么个典故过过嘴瘾，精神胜利一下吧。

▼皮口人说皮口

听皮口人说皮口，我渐渐习惯了他们的讲述方式，好像个个都有民间文学功底，讲着讲着就“穿越”了，对话常在讲者绘声绘色、听者瞠目结舌中进行。

除了于老师的“貔子叼烟袋”、孙大叔的“白捡两箱宝”之外，还有张阿姨说的一段：皮口一中校园里原来种着梧桐树，是正宗的中国梧桐。有一次，老校工晚上上厕所，亲眼看见树上落着老大一只大鸟，尾巴闪闪发光，那就是凤凰啊！怪不得后来皮口一中出了那么

皮口街头新建的仿古建筑

多才子呢！

与我同龄的女友小新，豆蔻年纪时曾在皮口求学，她回忆："学校坡下港口的入口处有个饭店，我最爱吃那里的面条和包子，更忘不了的是，饭店门口常年有个盲人徘徊，他和时钟一样精确，无论什么时候问他钟点，他都会准确到'分'告诉你，你说神不神？"

在皮口问路，当地人不跟你说街名，总是以"大白碑"为参照物："那地场啊，在大白碑西边不远下……""大白碑"当年真有，据说，碑上铁门、铁环和铁链在1958年被拆了炼钢铁。上世纪60年代，红卫兵小将把大白碑拉倒，碑石运到公社小礼堂里供开会人当了凳子。若你起了个头问"大白碑"的典故，当地人又会给你讲"大白碑"的安姓主人和安公子大院的故事……

有过多少往事，仿佛就在昨天。皮口，似乎就在人们的口头流传中完成昨天与今天的交接。站在一处面海的高地上，俯视着这块正以日新月异的面貌，向产业发达、生态良好、临港宜居、和谐文明的中等海滨城市迈进的土地，我在想，为什么皮口人会有那么多的故事，而且每个都声情并茂？

噢，我明白了，因为故事里有他们的成长、家史、亲情和对故乡的深深眷恋。

复州城

古风荡漾千年老城

刘爱军

两代烈士捐躯地，今日争相起高楼。
宝塔仍可青湛湛，书院难再文绉绉。
残垣新阙遥相望，慨叹峥嵘岁月稠。
复州河水西南流，物盛人丰天下优。

后来修复的复州城古城气度不凡，也成为复州的一个新地标

▼老镇名片

复州城位于瓦房店市中西部，面积119.26平方公里，人口5.4万人。

复州名称起源于辽代。复州城历经辽、金、元、明、清、民国，至今已有千年历史。从辽代建立起，到1925年，复州城一直是州、县所在地，曾是辽南政治、经济、文化中心。

至今，复州城仍是瓦房店地区的“次中心”，是大连市第一个省级历史文化名镇。

复州城是响当当的古城，虽然比不上南方古镇历史悠久，但是千年的时光雕琢也让它成为辽宁省首批历史文化名镇。在2007年辽宁省那次近乎苛刻的评审中，复州城和海城的牛庄、丹东的孤山榜上有名，所以今天的复州城人有资本为自己的过去自豪。

有一句老话：金复海盖，辽阳在外。这也增加复州城人的优越感。得益于开发较早，明朝时，金州、复州、海城和盖州这四个卫都归山东都司管辖，不管辽阳。后来，明朝规定金复海盖四卫的秀才考试时，得到山东都司驻地的登州府去乡试。

辽南学子，十年寒窗，跨海赴考途中船翻人沉的不测之事常有，所以就有了熊岳城慈母化石望儿山的伤感泣血故事。到了清朝，重新划分学区，金复海盖四州归奉天府管辖，从此四地学子皆赴沈阳赶考，跨海应试终成往事。

“你是哪里人呀？”“俺是横山人。”答者底气十足。100多年前，横山人就是复州人，如果回答是“闯山人”，那就是朝阳、阜新一带的人了。

横山在哪里？我请教92岁的文史专家牛正江，方知横山位于现在的长兴岛工业区，山势平坦，濒临渤海。古时候南方的船只在到达海城牛庄装船返航时，看到的静卧海边的第一座山就是横山，于是，横山就在船家渔夫口口相传中从一个地理标志变成一座名山了。

横山后来还成为古复州八景之一，名为“横山远眺”。牛正江解释说，当年人们站在横山之上，隔海远望北方，据说在天晴空碧之时，一望千里，可以看到锦州方向山峦相连倒映在海水中的黑影。

除了横山远眺，还有永丰夕照、西屏晓月、水泡荷风、龙口甘泉、龙潭灵异等，其中有的不乏溢美之词，有的过于夸张。牛正江说，“水泡荷风”也就是仙浴湾那儿的大水泡中荷花点点，是一避暑之地；“龙潭灵异”是在一个名叫龙潭的水湾里，有人头一天向里面倒了些谷糠，第二天有人在海边发现了谷糠，顿觉灵异。

虽然有不靠谱的地方，但由于开发较早，文明先行，如同古金州也有八景，复州的八景也佐证着这座古城久远的历史、文化传承，这是古城人心中最看重的东西。

复州古塔见证旧日繁华，佑护着古城的百姓

▼伤感古城墙

“我家就住复州城南门里面，太可惜了，古城被扒掉了。”50多岁的复州城人冯恩尧的遗憾也是很多古城人的心痛。从建于辽代的土城到明时的石城，再到清代的砖城，复州古城屡遭劫难，躲过兵乱，逃过“四旧”，却在百废待兴的1976年被毁掉了，只留下一座面目全非的东城门和一段长约140米的旧城墙。

金延年曾担任复州文化馆馆长，复州城里的事全装在他的脑子里。“当时扒城墙也是不得已，（城门太窄）两辆车都没法会车，交通太不方便了。1974年，公社就向大连市有关部门打了报告，市里的批复是只拆南北两个城门，城墙不动，东门不动。”宽不过4米，只为马车、行人通行的旧城门确实适应不了现代的交通工具，保留和发展永远矛盾，古城人也绕不开它，尤其在上世纪70年代末。

南北城门拆掉后，城墙砖石裸露，豁牙裂口，一旦赶上有人家垒山墙、修猪圈，城墙砖就成了现成的材料，老城墙破败不堪。1976年，又是一声令下，四个生产队分担任务，拆掉城墙。

沿着草长莺飞的旧东城门向东走，几户人家坐落其间，是典型的山墙套着小院的北方民居。

明代复州城遗址，历次修复保留了古老的青砖

古城少年触摸旧城墙，感受历史的脉搏

金延年指着山墙说，当年拆城墙的砖大部分都被当地人盖房垒墙了，“我一看就知道这是城墙砖，它们的外表覆盖着一层白色的浆子，是用来黏合砖的，非常硬，怎么也掰不开，那种浆子是用豆腐浆和成的。”

在距离东城门 200 多米的地方，终于可以看见一段完整的旧城墙了。金延年说，是建在这段城墙上的一个水塔挽救了城墙。当时人们为了节省基建开支，才把水塔建在高 2.5 丈的城墙上，如果扒了，复州城里人就没水可喝了。于是，古建筑搭上了新设施得以幸存，这时破坏让位于保留，理想屈从于实用。不过，据说这段 140 米长的古城墙比其他地方的残存古城墙加在一起还要长。

1979 年，复州城被大连市政府列为市级文物保护单位。

1994年，复州城镇在永丰寺南面按古城楼的原貌仿建起一段城墙和一座城楼。新建的城墙高10.8米，长220米，上宽5.4米，下宽6.4米，上筑垛口121个，城墙成“Ⅱ”型，中间设城门洞，上建城楼。新建的城楼是按原楼模式建筑，为两层歇山式，滚坡四面，筒瓦覆顶，挑角折檐，环楼矗立，有朱红明柱16根，楼内通天柱8根，沿用原城墙南门的名称“迎恩门”。仿古东城门依旧雍容大度，气势森然，如今它已经成为复州城的一座新地标。

金延年不是一个轻易满足的人，他的古城情结炽烈。1991年，他还是复县文化馆馆长时，曾组织10多位八旬老人，专门给他讲复州古城的旧模样。结合老人们的讲述，他又参考手头资料，让几位能工巧匠历经一年零八个月打造了一个1∶150比例的古复州城木制模型，老街旧坊，市井人家，古城建筑容貌顿时显现。

古复州城四面城墙，有东南北三个城门，分别是明通门、迎恩门和镇海门，却独独没有西城门。金延年说：“建城时，一个风水先生说建西门会有灾不吉利，易出蝎子灾，所以就没建。”但是也有人说是为了防海盗，因为西城墙再往西 20 多里就是一片汪洋，有海盗出没，而且有很多人相信，那时的海盗就是倭寇。

▼国恨家仇古城恩怨

1894年冬天的一个大风雪天，一个姓向的人跌跌撞撞地来到复州城南杨村的一个古庙里，住在古庙附近的私塾老师姜士彩心存善意，怕他冻饿而死，就让儿子把他带到家里。这个姓向的人，真名叫向野坚一，是日军的间谍，那时中日甲午战事已起，他是来复州刺探军情，因风雪迷路，骗姜先生说他是南方人，来看望在外做买卖的哥哥。姜老先生看他是南方口音，脑后梳着长辫子，就安排他食宿。第二天，向野坚一奔向金州，到了一打听，才知道他的同伙三崎羔三郎、藤崎秀和钟崎三郎在金州被清军拿住，就地正法。向野坚一吓得狼狈逃跑。后来，日军来犯，复州失守，向野坚一随日军入城，找到姜老先生致谢并允诺官职。此时，姜士彩才明白上当受骗，拒官不做。向野坚一还算识趣，他在姜家门前做标识，让日军不要侵扰。

年逾九旬的牛正江老人在讲述这段历史时说，被抓住处死的三个日本间谍戴着假辫子，被清军发现，而向野坚一曾在上海生活多年，而且还真的留了辫子，所以他才蒙混过关，侥幸存活。

30 多年后，家仇国恨又现于商战之中。位于复州城南面的复州湾最早的名字叫煤窑，因为那里产煤，有一条街和几个商铺，在当时看来就算是很繁华了，小孩们打架斗嘴时，喜欢用不屑的口气说："张狂什么呀，你去过几次煤窑？"后来，煤窑被称为五湖嘴（现归普湾新区管辖）。说到五湖嘴，复州城的老人谁不知道大名鼎鼎的周四东家呀，这位周四东家就是大连的民族资本家周文贵。

牛正江说，民国初年，陈、刘两家在五湖嘴经营煤矿，因为经营不善而亏损，他们把煤矿卖给了俄商沙加沃夫。后来，旅大成了日本殖民地，沙加沃夫害怕被日本人加害，就准备把煤矿卖给日本人。周文贵一听日本人要买煤矿，就立即筹集贷款，以十万银元买下煤矿，取名"振兴煤矿公司"。他体恤矿工，救济灾民，并屡次拒绝日本合营企图，受到当地人的热爱。1928 年秋，周文贵从金州三道湾乘船到五湖嘴，因没有赶上机帆船，就上了一只打鱼的小舢板子，不幸船翻人亡，终年 52 岁。

复州清末秀才吕少端为周文贵书写挽联：三道湾乘宝船慈星入海，五湖嘴登鹤背仙人升天。

在周文贵去世后，日本人要收振兴煤矿，还想把五湖嘴纳入殖民版图。张学良知道了，自己出资把振兴煤矿买了下来，取名"东北煤矿"，并把五湖嘴改成复州湾，这一买一改就让日本人的阴谋破产了。张学良还为矿工子弟出资建了新民小学，为复县做了不少好事。

▼这里走出二十二名将军

复州城有一座著名学府——横山书院。横山书院建于1844年，从这里考取科名的学员有300余人，在"南北大炕，书桌摆上，五经四传，四书五章"的氛围中，出了18名举人和2名进士。清末大才子徐赓臣就是复州城的名人，也是复州城唯一的翰林院庶吉士。金延年说，在徐赓臣七岁时，私塾老师曾出上联"牛皮制鞭鞭打牛"，徐赓臣对下联"雕翎做箭箭射雕"，令老师刮目相看。后来，徐赓臣中了进士，名列第27名，置身翰林院任庶吉士，庶吉士也就是今天后备干部的意思。咸丰帝爱其才华，令他教授皇太子，也就是日后的同治帝。半年后，徐赓臣辞职。他在河南做了三年县令，便辞官归隐，回到横山书院讲学，为复州培养出四名举人。徐赓臣极其尊敬师长。他的老师宋儒程曾任横山书院的主讲，虽然只是个庠生（秀才），但学问极高，培养了许多人才。据说徐赓臣中了进士后，回家省亲祭祖，为报师恩，在宋儒程的坟前竖起一对旗杆，这在复州是前所未有之举，赢得后人称赞。

在横山书院后院，有一处名人廊，排列着40位复州名人照片，有共和国上将3位，中将2位，少将17位；另外，还有科技人才，中国航天的先行者戚发轫和孙家栋也名列其中。其实这个名人展廊中，有许多并不是土生土长的复州城人，而是瓦房店人，如于永波是老虎屯镇人，谷善庆是仙浴湾镇人，孙家栋是许屯镇人，但是，金延年说当年的复州管辖区域完全包括现在的瓦房店市。航天专家、载人航天工程载人飞船系统原总设计师、中国工程院院士戚发轫是复州城西瓦村人，很早就随父母离开复州城，到外地读书。在这些照片中，我发现一个老熟人的面孔，他就是八一电影制片厂著名演员冯恩鹤，在电视剧《潜伏》中扮演军统天津站的吴站长，高超的演技给观众留下深刻的印象。他也是地地道道的复州城人，也曾在横山书院读过书，老家就住在南城门附近。

▼千年古城换新颜

经千年古风沐浴，至今还有一些古城人喜欢追思古时候复州城商贸繁华、富甲一方的过去，而且还有这样一种说法：当年的南满铁路是要经过复州城的，可是当地的一些财主怕伤了风水，联合抵制，终使铁路改线，导致后来复州城发展速度放慢，枢纽地位不在。

文史专家牛正江称这种说法没有根据，财主们反对修铁路的事是有，但是张冠李戴了。他说，当年的万家岭火车站建在高地上，火车走到那里要爬坡，前面的一个火车头拉不动，就在列车的车尾又加了个机车，就这样前拉后推，才把列车顶出万家岭站，当地人就把这种车称为“导段车”。后来，日本人嫌这种方法浪费，就想更改铁路线，绕过万家岭，取道地势平坦的台子屯。铁路占地，日本人通过复州知县苏鼎铭去说服当

今日复州城旧貌新颜，繁华如初

地财主，没想到苏知县说服不成，反被财主们打跑了。牛正江说：“财主抵制铁路是台子屯的事，不是复州。当年俄国人没在复州设一站，可能是因为复州城太靠海边，资源不多。”

如今的复州城将自己定位于瓦房店市的次中心，全力发展人口10万人的小城镇。在2007年，复州城就进入全国商业名镇20强，从复州城出口的辣根占全国出口份额的80%。古城发展的脚步，从来没有停止过。

▼口述：老照片再现魁星楼

兴建于辽代的复州城是一个物华天宝、人杰地灵的地方，可以说是名胜古迹多，一

景一故事。但是因为损毁严重，有一些古迹只能成为人们模糊的记忆了，例如魁星楼。然而在大连市民冯恩尧（著名演员冯恩鹤的弟弟）家中收藏的一张背景为魁星楼的照片，成为文化部门研究古复州城的珍贵资料。

冯恩尧指着照片说：“右边的人是我父亲冯书长，中间的那个小孩子是我大哥，当时他才三岁，左边的是我的叔叔冯书明，后面就是复州古城上的魁星楼。”在冯书长兄弟合影的右上边有几行小字，写的是：秋踏古城与兄侄合撮于东南魁星楼前。照片的拍摄日期是1943年9月26日。“你看，当年管拍照片叫撮照片。”冯恩尧说。“在1943年，能拍得起照片的人不多呀。”我说。“我父亲当时已经是复州城里有些名气的手艺人了。”冯恩尧说。

原来，冯恩尧的父亲冯书长从河北老家闯关东，在复州城落脚后，就仗着一手会浇铸农具的手艺，挑着担子在农村“打行炉”，就是用扁担挑着炉子到农村给农民打镰刀、犁地用的铧子挣钱。后来有了点资本，冯书长在复州城里开了一家名叫昌华铧炉的铺子，铸锅打铧子，地方不大也就十多平方米。人们也送给冯书长一个雅号——“冯铧炉”。

冯恩尧说：“照这张相时，正好是叔叔冯书明从河北老家过来，说奶奶不放心大儿子冯书长出去这么久，让

冯书明来看一看。”孝顺的冯书长便拉着弟弟，抱着刚刚三岁多的儿子来到复州城外照了这么一张相，让弟弟带回老家给思念儿子的老母亲看一看。

据冯恩尧说，父亲在世时常指着照片对孩子们说“这是小曲给我照的”。小曲名叫曲世礼，当年才十几岁，还在学徒的他和他大爷在复州城合开了一家名叫“银鳞”的照相馆，冯曲两家关系非常好。1943 年 9 月 26 日那天，曲世礼扛着带三角架子的老座机，来到城外魁星楼前，让冯家兄弟摆好姿势，把头埋在蒙布里，手一抽干板，一张弥足珍贵的家庭照片就这样诞生了。

从此，这张照片就一直挂在冯家大屋里。冯恩尧 1979 年当兵回来探亲时，觉得兄弟姐妹们应该人手一张，就拿着这张没有底片的照片来到大连新新照相馆，花了不少钱又翻拍了好几张，分别给了哥哥和姐姐。

当时谁也没想到，冯家先人在魁星楼前的留影日后竟成为珍贵史料。

对许多复州城人来说，魁星楼是听说过没见过。

冯恩尧小时候常从魁星楼破损的大门钻进去玩，他说：“从我一记事儿起，魁星楼就没人管了，大人小孩子随便进出。我一开始进去玩，看见鬼一样的塑像还挺害怕的。”

从 1801 年建楼，到 1906 年清政府

复州城老照片。冯恩尧的父亲（右一）在复州城魁星楼前与家人合影，魁星楼后被拆除

废除科举制度，这100多年间，魁星楼也真如当年修建者耀昌知府所愿，看到几位复州城子弟中了进士和举人，他们大都出自横山书院。

上个世纪80年代末，复州城一度计划重修复州古城，力图重现魁星楼原貌，但竟找不到魁星楼的原状图。这时有冯家兄弟的同学提出，说冯家屋里挂着一张照片，其中背景正是消失的魁星楼。于是有人来到冯家，借到这张照片，拿到照相馆里重新翻拍，同时把照片上的人物用技术手段抹掉，一张原生态的魁星楼便活生生地“再现”出来。

牛正江老人一提起魁星楼，就十分感慨，他说，1801年，复州知州耀昌期望复州能多出举人、进士，就在古城东南角的城墙上建了座魁星楼。“我还进去看过，楼里供奉着一尊神像，头像鬼的模样，右手执笔，左手擎斗，一脚后翘，说它就是魁星。它一脚后翘，就像‘魁’字的弯钩；一手擎斗，像‘魁’字中的斗字；一手执笔，也就是用笔点中考试人的姓名。”

享古风熏染，得先发之利，复州城世宁民安，没出什么大事。但民国初期，盗匪频现，侵扰民生，复县知事李春荣和警察所长殷善带领警察到铁路东侧山区去剿匪，留哨官奎裕庭在城里，他是个瘸子，看守县衙和监狱。这时一个名叫孙景兰的土匪被关在监狱里，他的妻子用饼子包着铁锉子，借口到狱里给土匪丈夫送饭，把锉子送给了孙景兰。孙景兰在腊月二十二晚上，用锉子把手铐和脚镣打开，还放出监狱内所有的犯人，众犯人一起奔向大堂，这时哨官奎裕庭发现后举枪便打，当场打死一名土匪，并关闭了城门。出门无望的众匪又奔向魁星楼，一场警匪大战后，20多名犯人被打死，警察也有4人殉职。这起砸狱事件当年震动了辽南各县，血光飞溅，不知辱没了楼内的魁星没有。

永宁

以马兴城之地

刘爱军

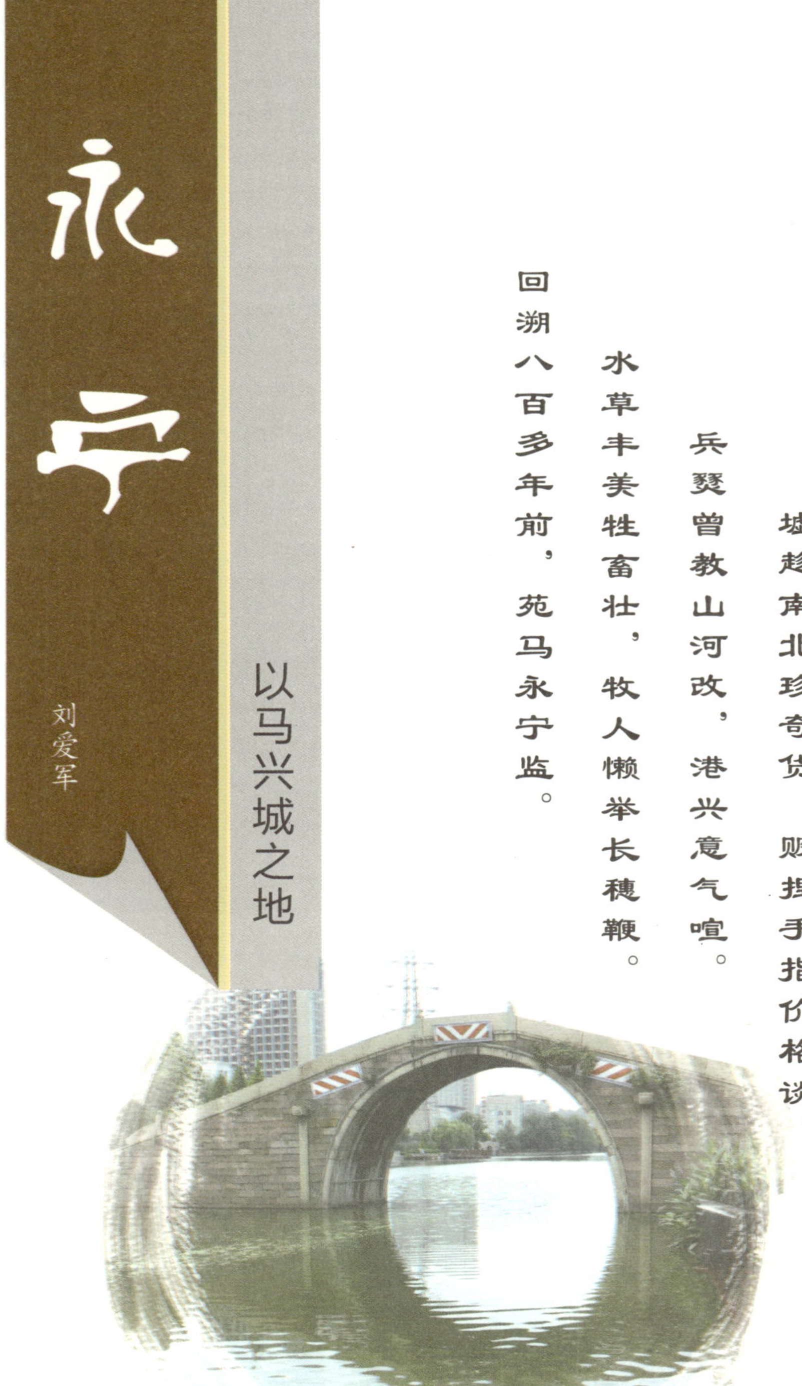

墟趁南北珍奇货，贩捏手指价格谈。
兵燹曾教山河改，港兴意气喧。
水草丰美牲畜壮，牧人懒举长穗鞭。
回溯八百多年前，苑马永宁监。

永宁镇曾是明代马政重镇，此图是永宁镇街头（王忠祥摄）

▼老镇名片

永宁镇是瓦房店市西北区域经济中心城镇，临渤海，面积136.47平方公里，海岸线长16.3公里，人口约4.2万，有汉、满、蒙、黎、锡伯等11个民族。交通条件十分优越，202国道贯穿南北。

明代时，永宁镇是辽东苑马寺所在地，被称为永宁监，曾长期作为牧养官马要地，为朝廷提供军务和政务装备，为巩固大明江山尽力。清代时，这里成为永宁城，再后来，乱世之中又成为伪满洲国一部分。新中国成立后，1958年设永宁公社，1983年置乡，1995年建镇。

▼永宁镇：明代马政重镇

时代兴衰，历史变迁，每一座古镇总有一段引以为豪的辉煌年轮，永宁镇最为人知的是在明代，这里成为为朝廷牧养官马的永宁监。古人云："马者，军之大用。"彪悍铁骑在冷兵器时代不亚于今天的坦克装甲车，同时，马匹也是当时最重要、快捷的交通工具，明朝开国皇帝朱元璋就称马政乃"国之所重"。明洪武三十年（1397年），明朝在辽阳设立辽东行太仆寺。九年之后，朱元璋的儿子明成祖朱棣越发感到马政的重要，便把辽东行太仆寺改为辽东苑马寺，所在地迁至永宁。据《复县志略》记载，辽东苑马寺"下设六监二十四苑，永宁监为其一。监是苑马寺下属机构。永宁监下属四苑，恩军四百六十户，草场三千七百六十二顷一十七亩"。

执掌马政大权的是苑马寺卿，官至从三品，而负责养马的恩军却是戍边的罪人。明人沈德符解释说："洪武二十七年，诏兵部以罪谪充军者，名为恩军，意以免死得戍，当怀上恩也。"

古时的永宁，水草丰盈，平坦辽阔。年近八旬的韩广茂老人说这里"棒打狍子瓢舀鱼"，自然资源丰富，所以，明廷把一直在关内的养马地逐渐转向关外，永宁成为上上之选。

永宁监河边，蓝天白云下，河水静静地流淌，远处山冈连绵起伏，平坦的草场一望无际。我们可以想象800多年前的辽阔牧场上，手起鞭扬、群马奔腾的壮观场面，牧马的恩军们青衣毡帽，如同《水浒传》中初入大军草料场的林冲，小心翼翼，感念圣上不杀之恩，力图戴罪立功，尽职尽责。据《大连通史·古代卷》记载，当时的苑马寺按地域宽窄，分为上中下三等，上苑牧马1万匹，中苑7000匹，下苑4000匹，据说永宁监最昌盛时，能牧马3万多匹。800多年后，蓝天下的永宁监河奔流不息，青青绿绿的草地上却早已不见马儿啃青，玉米做了昔日马场的主角，不过，怀旧的永宁人还是把这个当年养马的地方称为“马趟子”。

当地的韩广深老人说，永宁监那时养的马应该是蒙古马。中国的蒙古马体格虽然不大，但身体粗壮有力，耐力极佳，军中良马的美誉早已被纵横欧亚的成吉思汗铁骑所证明。

永宁从此以马兴城。当时城为土城，面积约有16万平方米，城墙内壁为夯土混合结构，外壁以石块加砖包砌，城周长约1500米，城墙高5米多。东、西、南三面各设一门。东门称为“寅宾”，西门称为“聚泉”，南门称为“日永”，护城河深约5米，宽约4米。从历史和规模上，永宁城比不上金州城和复州城，但也算是明代大连地区的城池中比较大的。令人奇怪的是，永宁城与复州城有一共同之处，就是只有三个城门。韩广深老人说，听老人讲，因为北门附近经常处斩犯人，老百姓常见鬼火闪烁，哭声相伴，觉得很不吉利，索性就关闭了北门。上世纪90年代，当时的复州城要修复旧城门，还派人来永宁找永宁城墙的老资料来借鉴。

明代后期，由于皇帝昏聩，马政荒废，再加上长枪火炮正慢慢地成为战场上的新杀器，战马随着刀枪剑戟等冷兵器的淡出，地位也日益衰落，到了清代，苑马寺终于被废止。岁月流转，改朝换代之间，一个不大的永宁城已经人丁兴旺、百业待兴。

永宁河水悠悠流过，旷古悠远

▼永宁大集：南北客商云集

据史料记载，明朝时，养马的永宁监将好的马匹供给朝廷军队，不好的马匹卖给百姓。于是，马市在这里应运而生，后来发展成永宁大集，为辽南第一大集。1987年，永宁镇政府将分散的集市集中起来，建起了封闭式的大型农贸市场。新的永宁大集占地面积三万多平方米，建筑面积两万多平方米，每逢周日，都会有五六万名来自周边地区的农民聚集在这里，进行农副产品、生产资料交易。随着永宁大集影响越来越大，来自大连、沈阳和吉林、黑龙江的客商络绎不绝。永宁大集最为出名的是牛、马、羊、猪、鸡、鸭等畜禽交易，是辽南地区最大的畜禽交易市场。

36 岁的姚桂东虽然在大连市内工作，但他还是念念不忘小时候去永宁赶集的事。“我家住在西扬乡，距离永宁大集 20 多公里。当时我就八九岁，早晨五点多钟，就和父母一起赶着自家的马车，走一个多小时，把自家的猪崽子拿到集市上卖。” 农家人喜欢到集市上买卖东西，那里货品多，选择也多，买卖成交后心里也舒服。另外，农家人也有自己的小算盘：自家产的东西一定要拿到大集上卖，卖给陌生人能卖个好价钱，如果是认识的乡里乡亲，就不好开口讲价，东西就卖不上好价钱。小姚说：“一旦同一个村里的买家说他家里困难，咱还真不好意思抬价，去大集就没这事了。”

赶永宁大集，姚桂东印象最深的是：在瞎逛了半天后，临近中午，父亲给他买来玉米面饼子，“饼子就着猪头肉吃，太香了。”

▼古迹传说：找不到的鸡鸣谷地

“城内曾有鸡鸣谷，月牙桥头古迹留。柏碑龟罢三头落，日永门前渡船舟。” 这四句打油诗巧妙地勾勒出永宁城的四大古迹，这些古迹神龙见尾，似有还无，虚虚实实，令人遐想。悠悠几个世纪过去，如今是月牙桥寻不见，柏碑龟影无踪，日永门前也无船，只有鸡鸣谷地的传说虚幻得令人神往。辽南的传说大都和唐代李世民征东有关，鸡鸣谷地的传说也不例外。一个版本是说唐太宗收复辽东时，大军来到永宁城，粮草将断，唐太宗急令士兵到地里种谷，并要求次日鸡叫时就要收割。今种明收，岂不是天方夜谭？但皇命难违。第二天，种谷士兵硬着头皮谎报太宗“谷子成熟”，太宗龙颜大悦，于是领兵前去收割。到谷地一看；果然谷子成熟，恰巧此时，雄鸡破晓，从此，就有了鸡鸣谷地之说。另一版本是说当时永宁城内守将凭城固守，唐朝军队围城多年，可是城内粮草不绝。原来，永宁城中有一块宝地，百姓头一天种上谷子，次日鸡叫时，谷子就成熟了，所以城内永远不缺粮食。两个版本的传说中，鸡鸣谷地的受益者不同，但是从当年唐军征东的战略态势上看，唐军攻城，敌军固守，看起来更像是正解，但是这并不重要。鸡鸣谷地的传说在玄幻中透出战地黄花般的浪漫。大军未动，粮草先行，古人征战，除了行军打仗，愁煞行军主帅的事情莫过于人吃马喂，吃喝拉撒。正如遇运输之难，才有木牛流马的传说；逢水源缺乏，始见望梅止渴的神奇功效，这种弥漫在战地的玄幻和浪漫透露出物质条件极其匮乏的古人以虚为实、以苦为乐的生活观，也让人们更觉得和平难得，化干戈为玉帛的可贵。所以，鸡鸣谷地是辽南地区最令人回味的传说之一，许多游客来到永宁城，点名要去看看传说中的鸡鸣谷地。有人说鸡鸣谷地就在永宁城东南角，但永宁城都已不见踪迹，鸡鸣谷地更难寻了。

据史料记载，在清代，苑马寺被撤掉后，养马之地便成了百姓安居之地。清末民初的时候，城内仅有的一条东西大街，先后出现了药铺、染坊、杂货铺等。镇里的老人说，永宁古城是1958年被破坏的，当时破“四旧”，全公社18个村都来扒城墙，用了三四年的时间才扒完，用扒下来的砖砌围墙、猪圈。如今，

永宁古城的一段遗址，只见黄土，不见青砖

仍能看到许多人家的围墙用的是城墙的方砖，弄堂里也有不少散落在墙根边上的城墙砖。

有一段永宁古城墙，藏身在农舍间。与其称墙，不如称之为土堆。清康熙年间，永宁城街心路建了

永宁镇新景观：西庙山天后宫

一座永祥寺，据说永祥寺占地约600平方米，寺的两侧建有天齐庙、关帝庙等庙宇，算是城内最大的建筑群。然而，永祥寺却在上世纪60年代被人为地毁坏了，如今它的身影只存在于一张黑白照片和几段移作他用的旗杆石上，照片上记载的日期是1961年8月27日。

永宁镇政府宣传干部韩守镇说，永祥寺门前的一对旌旗杆是用水玉石打造的，高约六丈，高大雄伟，威武壮观。上世纪70年代，当知道旗杆要被拆掉时，“当时正在被批斗的原公社书记李福义说，这对旗杆只有北镇县有一对，是非常珍贵的文物，千万别拆了，给后代留下点东西吧。造反派说，老家伙，你想复古呀，拆！”

如今，永宁人还能看到几段永祥寺前的旗杆石，它们成了一家装修公司门前的柱子。

▼口述：我为什么念了四次一年级

近现代史上的永宁曾委身于伪满洲国，后来又成为国共双方拉锯争夺之地。时代风云变幻，让永宁人的幸福之路充满苦难、恐慌和无奈。

在伪满洲国时期，统管永宁的是区公所里一个名叫圆渡的日本指导官。韩广茂说，他有一次跟在圆渡后面玩，当时圆渡正在一户人家里“验干净”（即检查卫生）。他戴着白手套，进去就摸人家的门框、窗框，一看手套脏了，便拔出东洋刀，用刀背砸向中国人，让人又气又怕。后来，那个圆渡又自以为是，认定一个中国人偷东西，将人家毒打一顿，结果那个人要自杀以证清白。后来冤情解开，真相大白，骄横的圆渡被迫向中国人道歉。

日本战败后，曾经耀武扬威的圆渡悄悄地逃回了日本。

韩广茂说，他念过四次一年级。“1945年，我当时10岁，刚念一年级，很快，伪满洲国倒了，日本人的课本就废掉了。国民党来了，我的课本是《三民主义》《建国大纲》。后来，共产党来永宁，我又换了小学课本。课本换了四次，可我一直就待在一年级，等我小学毕业时，都18岁了。”

在国共交战时期，永宁城几度易手。韩广茂说，一打仗，老百姓就藏到事先挖好的菜窖子里。他记得最清楚的，是一次八路军县大队要撤退时，战士们敲着锣通知乡亲们：“我们先撤退，不能让枪炮伤着老百姓。”

几年前韩广茂老人在自家要倒的小房里找到一个小书包，打开一看，竟是祖上留下的地契、借据之类的。在永宁，曾有“刘半街、韩半城”的说法，韩姓是最大的姓氏。从这些地契和借据上，也就知道韩家在永宁安家立业的历史。所以，他和几个年纪相仿的同宗兄弟开始编撰家谱，五年后，一本新修韩氏家谱终于编辑成功，了却了老人的一大心愿。

▼才俊：双管演奏家刁登科

离复州城不远的永宁，在历史上虽然没有出现多颗闪烁的将星和科学大家，但是也走出了刁登科这样受到周恩来、叶剑英等党和国家领导人关怀的艺术家。

刁登科是永宁镇平村人，最擅长双管演奏。双管是中国民间流传已久的民族乐器，刁登科作为为数不多的继承者，对传承这种民间乐器起到了承上启下的作用。

1958年至1964年间，毛泽东、周恩来、叶剑英等党和国家领导人先后在广州观看过刁登科的双管表演，当时刁登科曾创作了一曲《汽车兵》，叶帅听后曾赞叹道：“双管的发声非常优美，能奏出人们的喜怒哀乐，你一定要把它继承和发展下去，不能让民族文化失传……”

当年叶帅的一句话，让刁登科备受鼓舞。在广州军区战士歌舞团，他原本主攻的方向是吹唢呐，元帅的这句话，他深深记在心中，全力投入到双管演奏的研究上，将和声、口上的技巧都发挥到了极致。

1964年北京的《东方红》拍完后，陶铸在广州又指示拍了千人表演的小型《东方红》，刁登科担任重要演奏工作。

刁登科后来从部队离休，返回家乡，到2011年去世前，他一直致力于双管乐的推广工作。2008年，在他的努力下，双管乐成为国家级非物质文化遗产保护项目，为子孙后代留下一笔宝贵的财富。

▼前景：太平湾激活古镇

岁月荏苒，历史长河推动着永宁古镇缓缓向前。在大连古镇中，尤其相比近邻复州城，永宁的经济实力相对一般，但是近两年的利好消息，让永宁人开始有资本傲视群雄。

2011年，大连瓦房店太平湾临港经济区成立。这是个以万吨公共运输码头建设为核心，实施港区联动，推进深海航道建设、发展现代物流产业的大项目，永宁镇和李官、土城、闫店、西杨等五个乡镇被一同纳入其中。太平湾临港经济区海岸线长47公里，面积620多平方公里，人口15.3万人，南距大连100公里，距瓦房店和长兴岛38公里，北距营口鲅鱼圈30公里，距沈阳240公里。永宁人说，这是要打造第二个长兴岛，永宁镇迎来史上最好的发展时机。永宁镇干部韩守镇告诉笔者，未来的永宁将成为太平湾临港经济区的主城区，永宁将会从一个乡间小镇变成一个现代化的城区。

2013年七八月份，镇政府的工作人员全部下去，进行相关动迁普查工作，搬迁农户的住宅、农田和果树等都会被作价赔偿。永宁镇中心着实不大，走出几十米就是农家小院，常见院里或玉米地旁停着一辆轿车，古镇的城市化早已经潜移默化，润物无声。已经所剩不多的古迹，田园之美、农家之乐同日新月异的小城镇化发展如何相辅相成，也给永宁人留下了一个不大不小的难题。只是，我们永远不要低估鸡鸣谷地后人们的神奇创造力。

（本文参考资料《大连古镇》）

永宁镇老街上的老房子

古城吟诵千年繁华流转

但使留下读书眼，黄卷依然映青灯。
鼎盛繁华都如梦，恬淡悠闲自在胸。
商贾辐辏钱粮聚，古镇曾领时代风。
行僧发愿起一宇，寺庙际会殿连宫。

青堆老街上的老建筑

▼老镇名片

青堆镇位于庄河市东部，南临黄海，西接大连，东距丹东120公里，面积193.3平方公里，人口5.7万人。

青堆镇素以“商镇”闻名，以城镇为依托，集聚人气，集散物流，形成了兴旺发达的商业网络。

近年来，青堆镇被列为国家经济发展改革试点小城镇，已经连续五年进入“辽宁百强乡镇”行列，位次前移至第34位。

古城青堆子，一本读你千遍不厌倦的书。

1300年，繁华流转，太多的人，太多的事，路过这里，住在这里，经历过不同的青堆子。在作家孙惠芬的眼里，青堆子是“乡下人心中的京城，凡俗日子间的灯塔”，是一个让她曾经艳羡、后来渴望超越，并远远超越的小镇；在大连晚报社副总编张美清的眼里，青堆子是儿时的天堂和骄傲，是念高中时，同学们投来的“你是城里人”那羡慕的眼神；在青堆子“民间百科”王玉发老人的眼里，青堆子是一个永远也研究不透的古董，哪怕他曾经用脚丈量过这里的每一寸土地，他也不敢说了解了它的所有过去。因为，青堆子有太久远的历史，太多等待考证的故事……

青堆子是厚厚史料上那解不开的谜：一个远离大城市的小镇，缘何有如此多的传奇？

这里的商业曾经高度繁荣，数百家商铺包罗万象，大到辽南最大的货物中转站华兴泰，小到以羊汤、凉粉著称乡里的特色小吃铺。澡堂、牙医馆、电话局、保险公司、照相馆……谁能想到，在上世纪30年代的农村小镇就能享受如此和城里人一样的待遇。

这里曾经庙宇林立，各种文化融汇，普化寺、天后宫、龙王庙、清真寺、基督教堂、天主教堂……谁能想到，一个港口小镇就有如此的包容和开放之心。

这里曾经走出太多历史文化名人，“光绪朝七大贤臣之一”李秉衡，爱国将领邹立桂、赵庸，他们或在这里出生，或在这里完成人生启蒙；中国佛教学会会长传印法师，则是从普化寺启程，成为一代高僧；当然还有从这里走上文学道路的著名作家孙惠芬，青堆子是她人生以及作品中最具深情的地理坐标之一；更年轻的还有知名学者周立民，虽远在沪上，放眼古今，却不曾忘记童年的故乡给予他的厚积薄发……

这里缘何诞生如此多的传奇？

古语说“人杰地灵”，在青堆子，“人杰”和“地灵”有着怎样的契合？雨后的夏日，我们带着诸多疑问，踏上寻访青堆子古镇的旅程，和那里的老人一起回溯这一千年的如烟往事。

▼僧人、军队和那块碑

“青堆兴，孤山浪，庄河不赶趟。”这是清乾隆年间青堆子正式开埠后，民间曾流传的俗语。从这句俗语不难看出，青堆子不仅兴起得早，而且一度在庄河三镇中最是兴旺。

关于青堆子的诞生，来自王玉发老人的传说最为具体生动：1300年前唐贞观年间，南方一游僧携铜佛一座来到一个叫“三林”的地方露宿。天黑时，听见东边草甸子有鸡鸣狗叫之声。荒芜之地居然有人家？僧人喜出望外奔去，果然有一张姓人家。相见恨晚，张家热情招待。相处多日后，僧人曰：“我看中开始露宿之地，欲在此修庙，不知可否？”张家爽快应允，划了一块地给僧人，并帮僧人就地伐木劈石，修筑庙宇……

王玉发坐在炕边，一边抽着烟，一边翻着资料娓娓道来，“我是个老公安，退休之后镇上让我修镇志。青堆子到底有多少年历史，我看过很多资料，发现说法不一。”这都没搞清楚，还怎么写镇志？于是，认真的老王头便开始了他的寻访：“我找到了镇上的张茂臣家，老坐地户，据说他就是那个与僧人结缘的老张家的后人。我寻遍了十几个坟茔地，按照他家祖上一辈辈的墓碑，一点点叠算，结果，1300多年是靠谱的。”

青堆子的镇史上这样记载：唐代贞观年间，有人在小沙河子领道山上修建了一座石庙，是为玉皇庙，嗣后更名为普华寺。庙宇始有草屋三间，后增其制，建有大雄宝殿五间，前殿三间，两侧配殿各三间……在当时，其规模之巨，香火之旺盛，名闻遐迩。

青堆子镇的历史于是从这个庙开始绵延。

至于青堆子之名，则要从一条河说起。青堆子境内最大的河流名曰湖里河，湖里河史称小沙河子，青堆子因坐落其畔，所以最早被称为小沙河子。小沙河子因庙人烟渐集，发展成为村落。明代时小沙河子更名为青口。明代晚期，关内部分居民为避战火或经商，相继来到青口，青口发展成为滨海商业小镇，是关内齐鲁流民闯关东的中转地之一。

至清代，随着清廷颁布了《辽东招民开垦例》等一系列条例，大量关内流民接踵而至，青口遂成为人口稠密区。仅据清代乾隆二年（1737 年）统计，青口街内即有居民 400 余户，人口 3500 余人。彼时，青口已经成为颇具规模的港口集镇。“至乾隆八年，青埠正式开通，商贾修庙时，因取石材于南八里的小坨子处，偶然发现唐人遗留的刻有‘青堆子’三字的石碑，此后青口便正式更名为‘青堆子’”（《青堆子镇史》）。至于这块碑的来历，普化寺庙前碑文述称：唐代东征军征伐高句丽，自胶东半岛泛舟渡海，其一部在小沙河子登陆，为凯旋时能记住登陆处，遂于临海不远处一小坨子上竖一石碑。石碑上书“青堆子”三个大字。

彼时，每年的春夏秋三季，各地商船频繁来往于青堆子和济南、烟台、青岛、大连、朝鲜半岛之间，输入煤油、火柴、瓷器等，输出大豆、花生、玉米、高粱、红豆等本地土特产。海运交通的优势，让青堆子的商业经济迅猛发展，成就了青堆子在周边地区的政治、经济、文化中心的地位。

▼曾经的老街，300 余家商铺，无所不营

“背大背，上青堆，买个火烧换大梨。”这是辽南地区流传最广的一句顺口溜。

雨后天气依然有些阴，走在清冷的老街上，行人稀少，低矮的瓦房，狭窄的老街，古朴恬静。笔者和镇上的同志小声攀谈，讲起老镇曾经的点滴，耳畔似想起这朗朗上口的顺口溜，恍惚间，街两边的老房子似又纷纷挂起招牌，吆喝叫卖声次第响起。

上青堆，除了“买个火烧换大梨”，还能买些什么？曾经的老镇到底有多么繁华？

在天后宫的碑文里，一个小小的细节，就足见当时青堆子的兴旺：民国十年（1921 年），青堆子商户集资重修天后宫，名商巨贾就有 130 多家。有

青堆子老街

名可考的商家涵盖了盐商栈、木匠铺、照相馆、缫丝厂、纸坊、戏园子等等。

青堆子镇依海而立，房屋依山势而建，四条老街太平街、下街、鱼市街和财神街格局清晰。据伪满时期县志统计，至 1921 年，镇上大小商铺有 300 余家。这其中，市场贸易最为活跃的鱼市街上，有鱼商 40 余家，水产品种类齐全，不仅自售，还批发转销外地。

想当年在青堆子镇上，往来客商可以与“青堆子四大买卖”乾德昌、华半街、福庆和、华兴泰进行各种商贸往来，有高中低档的旅店任你挑选留宿，可以尝尝驰名辽南一带的德增利糕点，也可以去百年老店天和园饭店尝尝满汉全席。休闲可以听戏、喝茶、洗澡，购物有鞋铺、烟商、成衣铺，看病有中医郎中，也有西医院，还有专门的牙医馆……到了1932年，日寇为了防止抗日武装袭击，在青堆子镇区外围修筑围壕，周边地区的富商大户纷纷迁至青堆子街内。青堆镇区富贾云集，人口激增，到1934年，青堆子街居民达11977人，工商户发展到379家，其繁华甚至超过了县城庄河，出现了畸形兴旺局面。

如今，站在下街和财神街的交会处，抬头望去，曾经的繁华处尽收眼中，却看不出一点儿往日景象。“大隐隐于市”，在镇上同志的指引下，笔者走进了一处看似简朴的民宅。门脸不起眼，一踏入却豁然开朗，这里竟是昔日赫赫有名的商号华兴泰。

院里的住户见有人来采访，便推举这里的坐地户张德城出面应对。张德城的家里铺着村镇人家少有的地毯，手拿烟斗的他很淡定地取出了一张手绘的华兴泰大院全貌图，配上王玉发老人有关华兴泰的文字介绍，曾经的繁华顿时跃然纸上：华兴泰，清末由五六个人合股开办的贸易货栈，一度是当地最大的货物中转站。当年房屋有 150 多间，南来北往的客人、伙计都住在里面。华兴泰的大院距今已有 300 多年，据说是庄河地区仅有的保存完好的历史古建筑。

三进三出的院子历经风雨，只剩下肃穆和古朴的气质，青砖灰瓦、翘脊硬山式的风格，具有显著的北方民居特色。据说早年建筑上还曾雕刻着荷花、蝙蝠、青松等吉祥物，精美绝伦，后来被破坏了，只留下让人遐想的余地。

青堆子老镇的庙宇

▼这里的辽南庙宇群

在青堆子，有两个字是不能不提的——“港”和“庙”。“港”给了这个小镇兴旺发达的契机，也给了小镇人看世界的眼界和胸怀。而“庙”所代表的宗教也因“港”成为了青堆子和青堆子人生活的一部分。据记载，至20世纪上半叶，青堆子镇上有各种庙宇、道观十几处。镇内寺庙以普华寺和天后宫为主体，周边散建有火神庙、城隍庙、龙王庙、龙母庙、河神庙、十二神庙、望空庙、九圣寺，形成一个庞大的庙群，和大孤山庙群一起被誉为辽南两大著名庙群。当年众多庙宇并存，从正月起，火神、天后、海神娘娘、龙王的祭祀日接踵而来，庙宇内晨钟暮鼓，香烟袅袅，香客不断。

普化寺位于老街的显著位置，跨步迈入，肃穆之气扑面而来。老普化寺的历史如前所述，可以追溯到唐朝，新中国成立后古寺被拆，如今的新普化寺其实是同样有着悠久历史的天后宫。天后宫始建于清乾隆三年（1738年），当时青堆子港口兴旺，商业发达，“富商们以为此皆赖海神娘娘默护之力，故而食德思报，又适逢当地商船遇难获救，遂创修天后宫。”如今的天后宫经过几次翻修，古朴的旧瓦与新鲜的墙砖相得益彰，海神娘娘庙的牌匾格外醒目，据说这是我国最北端的海神庙了。

走出普化寺拐入草市街，没走多远便见到了传说中的清真寺。清真寺位于鱼市街上，是庄河地区最早的清真寺。据说，清咸丰年间，从河北来的回民仅十余人，皆做小生意，其中有位赵阿訇在此修建了清真寺。清光绪年间，有位张朝真大阿訇，积极兴办学堂，使得伊斯兰教在青堆子有了较大发展。

刚刚迈步走进这个占地面积800多平方米的清真寺，院内的阿訇便热情地迎了出来。这个80后的年轻阿訇说话非常有礼貌，得体地介绍寺内的情况，并携妻儿为笔者一行送上了刚刚炸好的油香。阿訇说他是葫芦岛人，在云南求学后，经老师介绍来到了这里。平时这里虽然安静，但是方圆几百里有近百户回民，每逢开斋节、古尔邦节等，大家都会沐浴洁身，来此参加会礼，热闹非凡。

环顾清真寺，高大的门楼恢宏大气，建筑清雅庄严。小院内，年轻的阿訇与妻儿种菜种花，恬淡快乐的生活正匹配了整个寺院及古镇悠远宁静的气质。这里仿佛世外桃源，与阿訇一家交谈，他们祥和的气息让来访者都跟着愉悦起来。

青堆老街上的老建筑

漫步古镇，处处可以触碰到当年宗教在这里留下的痕迹，有关老城隍庙的传说，更是让人惊叹于青堆子曾经的鼎盛：清代，因为庄河经济繁荣，区位优越，朝廷敕令于庄河设厅。在选择厅的治所时，红崖子（庄河）和青堆子均属上选，而青堆子是上上之选。因为青堆子优势有三：其一，青堆子建有城隍庙。按照惯例，只有厅级以上的辖区方有资格修建城隍庙。其二，青堆子地处大孤山和庄河的正中间，占尽地理交通之优势。其三，彼时青堆子的繁华还在庄河之右。知府两难抉择，只好取土称斤，哪重选哪，结果红崖子之土略重，故此，厅治设在了庄河。

▼未来的老街

"'不羡家存万贯财，只求家有读书郎'——这是青堆子骨子里的情结。"曾任大连日报社总编辑的老报人高连仲在回忆自己的故乡青堆子时，这样写道："尊重知识，相信知识能够改变命运，再苦也要让孩子读书，是青堆子老辈人的育人之本。"今天看来，恰恰是这种千年传承的情怀，才使得一个弹丸的小镇，走出了李秉衡、孙惠芬、周立民以及全国新闻出版界的6位总编辑如此众多的人才。

寻访老街，笔者其实第一站去的是镇党委、政府，镇党委书记衡大庆将一幅老镇的旧地图和一套老街的新设计一并展现给笔者。

一边是千年留下的值得回望的历史财富，一边是有着无限憧憬和希望的未来畅想。"'突出古镇特色，提升城市品质，建设青堆新城'是我们的目标，说起来简单，做起来阻力也不小。青堆子素以'商镇'闻名，历史沿革造就了青堆子商贸物流雄厚的基础。保留并重新让老街焕发生机，我们将按照'以商兴镇，以商富民'的发展思路，打造庄河东部的商贸中心，不断提高人民生活水平。"

要写老镇青堆子，笔者接到很多热心的青堆子人的电话。60岁的徐毅说，他离开青堆子已经30多年了，至今他还记得年轻时从大连回青堆子的漫长路程，从大连坐上火车到城子坦换车到庄河，再从庄河坐车到青堆子。"能坐多久车，真不好说，肯定得折腾一天吧。"1975年，当徐毅从青堆子离开时，他还是一个因为篮球打得好而被特招到大连的小伙子，那时，青堆子在他和朋友们的眼里是那么值得骄傲。"青堆子人都吃商品粮，是周边村子人眼里的城里人。"

确实，千年古镇，开埠通商，的确赋予了青堆子人兼容而达、善学而敏、忠厚而信的精神品格。有位同事跟笔者说过，当年沿丹大线采访各个村镇居民，到了青堆子，豁然开朗，这里的人会用城里人的语言表达，有眼界。

如今，徐毅再也不用坐火车，舟车劳顿地回故乡了。每次开车只需两个多小时，曾经的梦里故乡就会出现在眼前。儿时的老树没了，乡亲没了，但是乡音未改，乡情未减："恢复老街，重写辉煌，这是我们的期待，我们老青堆子人也愿意做出一份贡献。"正如高连仲在回忆故乡时所引用的那句曼德拉名言"生命中伟大的光辉不在于永不坠落，而在于坠落后能再度升起"，这是青堆子人对故乡老镇的期许。

▼口述历史：孙惠芬的印象青堆镇

如果我说我是青堆子人，许多青堆子人是不会答应的。因为在我出生的那个年代，青堆子是一个城镇，说城镇，并不是说它多么繁华兴隆，聚集了多少工厂商店，拥有什么样的街道，而是说，作为城镇的特殊标志，青堆镇里的人都吃商品粮，每月可以分到豆油猪肉大米白面，而我，只是个祖辈以种地为生的乡下人，住在青堆镇北十里外的山咀子。

我常想，是谁，出于什么样的考虑，让城里的人既有工作干又吃商品粮，乡下人就得自己劳作脸朝黄土背朝天呢？

不得而知。长大以后，因为写作从乡村走出，有机会翻看县志，一而再三在字缝里翻找，终是没有找到答案。

关于青堆子的历史沿革，县志上有着详细的记载，可是从哪时哪刻就有了城乡差别，人与人之间的差别，却没有片言只语的记录。我是说，它既然划开了青堆子的城与乡，区分了人与人待遇的不同，就不该让我们这些乡下出生的人还要归青堆子管，既然让我们归了青堆子管，那么也就怪不得我们这些乡下人说自己是青堆子人了。

我之所以喋喋不休追索青堆子城乡历史的渊源，是因为它与我的家族历史有着血缘的关系，也就是说，没有青堆子镇曾经的繁荣，就没有我们孙氏家族曾经的繁荣；而没有青堆子城与乡的差别，就没有爷爷的身世、奶奶的身世，也就没有我的奶奶嫁给爷爷后生出的这一支后人的故事。奶奶从青堆子镇书香门第嫁到山咀子，与孙家曾在镇子上的地位不无关系。我们孙氏家族祖籍山东登州府海洋县，1866 年从山东迁居辽南青堆子镇。

听奶奶讲，爷爷的高祖就是在青堆子镇上做学徒时发的家。爷爷高祖的发家曾有一段佳话。是说他在一家店铺做学徒的时候，一天夜里，财东在店铺后房聚赌，唯有高祖照料前房各处，突来一人给财东送信，送信人走后，出于好奇，高祖偷看了没有封口的信件，信上转告财东明天高粱涨价，让财东速买高粱囤积。高祖看信后连夜借钱，买了整个这一带的高粱，凭空发了一笔横财。

这个故事，多少有一些传奇色彩，不过确实是爷爷高祖的机智，使他的后人孙桐、孙云有机会读书深造，考入北京国子监大学贡生，毕业后在朝廷里做了高官。他们曾按北京故宫的构造构图，在镇郊建了一片三进三出三套院的房子。在青堆子舟楫往来频繁、商业繁华异常的年代，孙家日子到底红火到什么样子，我不知道。我只知道，孙家在青堆子镇的败落，是在爷爷父亲那一代的晚年。爷爷的父亲孙树范在晚年里，与兄弟三个对鸦片贪嗜如命，他们不但自己贪，还带动了他们的女人，于是，八个人八杆大烟枪，直把富豪的家业抽空抽光。到后来爷爷的父亲不得不领着爷爷流落乡下，靠出租房屋所得维生。一直到奶奶与爷爷结婚后，又流落到周山咀于家大院。

乡下孩子崇拜外边，首先是从崇拜青堆子镇开始的。在我童年的印象里，青堆子镇，一直就是乡下人心中的京城，繁俗日子间的灯塔。

我在我的《岁岁正阳》《燃烧的云霞》《四季》《歇马山庄》等诸多小说里，都抒写过乡下人对于青堆子镇的感情。可以说，在我所有有过青堆子镇字样的作品里，无一能够摆脱我对青堆子镇的感情，青堆子镇给我的印象。

（选自孙惠芬散文集《街与道的宗教》）

蓉花山

深山『蓉花』百年传奇

林芝

人道蓉花不是花，地理宝藏吐芳华。
豪门乍入深似海，教堂犹遗钟一挂。
春蚕曾吐丝万缕，女工又织千顷纱。
小镇尚有俱乐部，阅尽世事乱如麻。

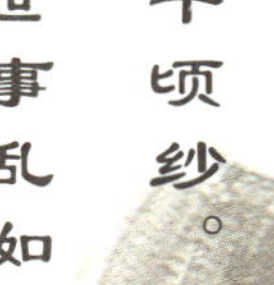

远眺蓉花山镇

▼老镇名片

蓉花山镇位于庄河市北部，面积213.1平方公里，人口3.5万人。

蓉花山镇是庄河市优先发展的四个重点镇之一。

寻访大连的老镇，历史悠久的庄河是必不可少的。还记得庄河人嘴里念叨的那句“青堆兴，孤山浪，庄河不赶趟”吗？本以为“拜会”过青堆子，就算完成了任务，却未曾想有了解庄河的人抚掌大呼：“写老镇怎能落下庄河的蓉花山？”

从庄河市区出发一路向北，至庄苴公路23公里处，便到了这座由高山拥围的老镇——蓉花山。历史上，关于蓉花山的故事还真不少，它的代表作自是那被称为辽南版“乔家大院”的长隆德地主庄园；接下来便是有着“辽宁刘胡兰”之称的烈士史春英，21岁便在此为国捐躯；当然还有清代赫赫有名的权臣鳌拜，他的后代也多居于此，让这个深山里的小镇显得愈发神秘。

用“人杰地灵”来形容蓉花山镇是最贴切不过的，与庄河老镇和青堆子镇相比，蓉花山少了老建筑见证它过往的历史，在这里更多的是口口相传的往事，而正因为少了那些一板一眼的记录，才使得这个老镇更显神秘和传奇。

▼神花：蓉花到底是什么花

说起蓉花山镇，自然先要从蓉花山说起。蓉花是个什么花？查字典，翻辞海，找植物志，只提到芙蓉，但无蓉花一说。走访当地的老人才知道，在这里蓉花指的是当地传说的神花，据说这花“太平年间才开放，金翅金鳞，晃人入眼”。更为言之凿凿的故事，则和日寇入侵相关。

村民李东旭讲了这么一段故事：小

鼻子（日寇）占领庄河那会儿，他们从海上看，蓉花在山上闪光，到山上看，花又出在海上。他们想得到宝物，就派出便衣，带上千里眼和照地镜进山探宝，到末了也没逮着它。找不到神花的日本人，在新中国成立之后向我们示好，田中角荣见到周恩来总理时特意告诉总理，庄河蓉花山是宝地，那里蕴藏着极为丰富的硅矿石。可见，日本人经过反复考察，发现那神花其实是蓉花山特产硅矿石。这也难怪，物产丰富的蓉花山已探明的硅石资源储藏量为 1.2 亿吨，硅含量达 99.8%，硅石储藏量和硅含量均居全国第一。

关于蓉花的传说很多，但传说似乎又都有根据，大抵和这里的物产有关。如上所述，日本人认为蓉花是硅石，而老百姓分析，那传说中的蓉花也可能就是蓉花山的另一大特产——蚕茧。想到养蚕季节漫山遍野的蚕茧吐丝，丝绒如花，也不无道理。

而据长隆德庄园李氏的后人李惠胜介绍，蓉花山最后的定名还是与他们家族有关：“人们都知道我们镇得名于镇内的一座蓉花山，却不知道这座山峰的名字就是我们的祖先找人起的。明末清初，我祖先李大荣、李大贵结伴从山西来到庄河经商，小有资产后准备选址盖房子。当时盖房子选地址是要讲风水的，于是兄弟俩请了一位山东登州府来的风水先生来选址。来到五道沟时，风水先生认为，这里地势较高，能避免水患，而且

长隆德庄园

长隆德庄园内景

有一处常年涓流不息的泉水，可供几百人饮用；最为重要的是这里的后山山势嶙峋，沟壑纵横，形状很像一朵盛开的芙蓉花，有‘富贵荣华’之意。李氏兄弟为此选择了在这里安家落户，这座山也由此得名‘蓉花山’。”

▼老街：德兴街上的杜家发迹传说

走在蓉花山的老镇街道上，老建筑是几乎看不到的，零星有一两个四合院似的建筑，青瓦黛砖，虽疏于保护早已变作普通民宅，但其古朴的建筑风貌，仍让人惊叹不已。

说蓉花山镇是老镇，因为它有着150年以上的历史。史志显示，清朝咸丰十年（1860年），法国人在此修建教堂之前就有了镇的雏形。那时，这里叫岔沟，属岫岩州管辖。后来岔沟更名为德兴街，其名字就来源于当地富甲一方的大地主杜德兴。

有关当年岔沟和德兴街的情况，现在几乎没有文字记载。当地的老作家乔湖清老人费时几个月寻访众多老人，才依稀呈现出有关大地主杜德兴的一些轮廓：“老辈人传说，当初这里有两个大富户。一是白家，旗人，从长白山南下到此落脚。那时，这里人烟稀少，白家在此圈积土地发家。另一大户就是杜家，主人名叫杜德兴，从关内来这里，无处落脚，求到白家门下。白家让出屋旁一方荆棘乱石堆，让他自己清理搭窝棚暂住。从那以后不久，不知道杜家哪来的大把银子，买地买蚕场。再后来，杜德兴建商铺做买卖，以自己的名字‘德兴’做字号，德兴号买卖兴隆，杜家成为当地的大户。久而久之，人们把兴盛的商铺街面叫作‘德兴街’，取代了以前岔沟这个名字。”

杜家初到岔沟，连栖身之地都没有，怎么就忽然有钱买地做买卖了？乔湖清笑着说：“当地有一个传说，杜家在清理乱石堆时挖出了宝贝，才发的家。”虽然传说都无从考证，但德兴街之名延续了100多年，足以证明杜家当时的富有。

直到解放后，1958年，德兴街与仙人洞分治，这里才改名为蓉花山镇。“为什么改名？是因为都解放了，哪还能用一个地主的名字去命名我们的乡镇，所以德兴镇变成了蓉花山镇。”一位了解情况的老居民告诉笔者。不过，至今镇政府所在地的村名仍为德兴，成为当年历史的唯一存证。

镇上的天主教堂如今依然是显眼的建筑

▼教堂：老钟见证往事并不如烟

走在蓉花山的街道上，现代化的建筑比比皆是，鲜有老旧房屋，这让人很难把它与老镇联系到一起。唯有一座天主教堂，虽说是后来重新修建，却因其与众不同，难免让人好奇。

查看岫岩地方志得知，蓉花山天主教堂始建于1860年，那时名字叫岔沟教堂，初始“建经楼十楹，钟楼一座，信徒寥寥”。（另有一说，称教堂建于1840年。）1900年2月，辽南义和团攻占教区，焚毁教堂。1905年，清政府赔款“48万吊”，由法籍神父梁亨利设计，中国工匠施工，修建新教堂和钟楼，并从国外运进一口合金铸钟，钟上铭文纪年“1907”。

自此，教堂步入兴盛时期，长达30余年，到1938

年教友最多时有近700人，教堂还开设小学，有学生60余人。

后来，“文革”时期，钟楼被拆教堂被毁，只有这口大钟，因钟体坚固，只被砸出一道印痕。后来几经隐匿，大钟被保存了下来，成为老教堂唯一的遗物。1992年，教堂移址再建，老钟成了教堂的镇堂之宝。回想当年，大钟高悬钟楼，拉绳撞击，声音非常洪亮，远在30里外的太平岭和五道沟的长隆德庄园都能清晰听到。一口老钟走过历史更迭，见证了老镇的沧桑变化。

▼缫丝厂：时髦的女工曾是这里的风景线

再说说和蚕丝有关的话题。作为蓉花山镇的支柱性产业，柞蚕业的发展可以追溯到600年前。有史可查，清朝顺治年间，一批胶东蚕民应召来到庄河，“乏杂留柞，中刈放拐”，大兴蚕业，使庄河成为全国重点柞蚕区之一。到清末民初，蚕场面积占全国柞蚕场的41.6%。

镇上著名的纺织厂，女工曾是镇上让人羡慕的职业

镇上工厂

“一直以来养蚕缫丝都是这里的拳头产业。因为蓉花山镇水质特别，水煮丝色泽好，绒丝长，所以历来都被视为上品。伪满时期，日寇掠夺强购，蓉花山的蚕丝价格比近邻的岫岩高出一个等级。”乔湖清告诉笔者。

对于蓉花山镇来说，养蚕柞丝是老镇历史上最为光鲜的一页，新中国成立后的几十年里，这里的国营缫丝厂曾经再次让老镇兴盛，成为蓉花山人记忆中难忘的辉煌。

年过五旬的李千溪原本和庄河并不该有什么交集，但历史的大潮却在40多年前把他推到了这个遥远的老镇上。1969年，那时还是学生的李千溪随父母走五七道路，来到了蓉花山。记忆中，这个小镇与别处有些不同，它有些城市感，满街的时髦女工是这里的一道风景线。“当时纺织行业还是香饽饽，蓉花山的缫丝厂隶属于大连纺织局，是个中型企业，员工有近千人，加上家属就得好几千，一下子让整个小镇都红火起来了。”据李千溪回忆，当时能上缫丝厂工作是年轻人梦寐以求的，收入高，待遇好，大家找门子都要往厂子里进。

李千溪说他在蓉花山待了六七年，一开始在那里念书，后来因为是文艺宣传骨干被选到了公社机关工作，因此也和缫丝厂的员工有了更多的接触。厂子里的员工来自四面八方，除了附近招的女工，还有城里分配来的年轻人。厂子里有篮球队、文艺演出队，那些从城里艺校招来的年轻人个个会吹拉弹唱，给这个小镇带来了无限的欢乐。那时候，缫丝厂俱乐部每周都放电影，丰富多彩的文艺活动，让蓉花山镇成了年轻人眼中的城里。

当年缫丝厂的员工以女工为主，她们天天与纺织打交道，更懂得打扮，也有打扮的优越条件。“她们穿得很超前，穿大红大绿的丝绸，三五成群，绝对是镇上的一景。”李千溪说，当时厂子在镇上盖了楼房，四层楼的职工宿舍成为了标志性建筑，在那样的年代，在北方的村镇应该是不多见的。

时光飞逝，如今的李千溪已经离开老镇几十年了，但却没有断过和缫丝厂朋友的联系。那个曾经的国营老厂在上世纪 90 年代末也未逃过市场经济大潮的洗礼，以破产告终。但，这并没有终结蓉花山镇与柞丝的故事。

现在，蓉花山镇诞生了一批新兴的缫丝厂，不一样的经营模式，续写着一样的蚕丝传奇。全镇现有缫丝厂20多家，年产柞蚕丝几百万吨，远销印度、日本、美国等国家。如今，有着悠久历史的老镇蓉花山将以历史文化为依托发展旅游业，以柞丝、硅石开采等传统产业为支柱，再创辉煌。

（乔湖清老人对此文有重要贡献）

每个人的心灵都有一个精神归宿，也许就是那个叫故乡的地方

老镇，所有大连人的故乡

薛丽丽

老镇，是我们所有大连人的故乡。

1989年，19岁的小青年李皓，在家乡光荣地穿上绿军装，迈进部队大家庭，从此告别了他此后念念不忘的故乡老镇——城子坦。大庙、小桥、拉鼻儿山，甚至三五年发一次的大水，都变成记忆里的美好。今天，成长为海燕文学月刊社主编的李皓，依然关注故乡的一切，包括它入选辽宁省历史文化名镇。

大连晚报社副总编王守仁，虽然生在大连市内，但“刨根问底”起来，他却是地道的营城子镇东小磨村人。孝顺的老父亲即使成家并安家大连，仍然每年携妻将子到农村过年。从周水子坐火车，三毛钱就到营城子了，一路要经过革镇堡、牧城驿。初中一年级，他曾一

个人去营城子爷爷奶奶家，下了车却一路反向走到了西小磨村。如今，遇到陌生人，他仍会从对方的口音中听出“营城子人”身份，那是故乡的味儿。

而我的童年，则是在大魏家镇度过的。镇上最繁华的那条主街，两边全是“合社”（合作社，即供销合作社）和饭馆、粮店，一律的青瓦房。小镇的北山上全是苹果树、樱桃树，镇的南面是南河套，岸边一溜挺拔的白杨树。镇子很大，大到我的小学同学为了读中心校，早上要骑一个小时的自行车。镇子又很小，小到街上某家娶的新媳妇穿了大半号的衣服，都能在晚饭后的闲谈时间里讲上个把月。

是的，对于大连人来说，革镇堡、牧城驿、水师营、石河、登沙河、青堆子、蓉花山、复州城、五湖嘴、皮口、城子坦，它们不是简单的地名，不是没有生命的土地、河流、山谷或者树木。今天生活在城市里的一部分人，他们生于斯长于斯，老镇的清晨和斜阳，树影和山墙，夏日里奔泻而下的山洪，都深深镌刻进生命里，流淌出原汁原味的辽南人的血脉和性格。

从2003年起，建设部和国家文物局共同发起了中国历史名镇、名村评选活动，迄今全国已有85个名镇（村）上榜，辽宁省有新宾的永陵镇和海城的牛庄镇入选。在辽宁省的历史名镇评选中，大连的复州城和城子坦则榜上有名。这项工作旨在保护那些有历史价值和能完整反映历史时期传统风貌的老镇老村。因为有一个数字不容乐观——2005年，我国具有文化保护价值的古村落尚有约5000座，到2012年已锐减至2000多座——差不多每天消亡一座。这些古镇古村是中华文化的根、大量文化遗产的载体。发现和保护它们，是保护我们自己的过去，为子孙保留文化血脉的符号，让他们可以借此溯流而上，踏踏实实找到自己。

《大连晚报》长期致力于报纸文化品位的提高和对城市历史文化的深度发掘，从2011年开始，棒棰岛新闻周刊先后推出《地理大连》和《大连老建筑》两个主题策划，分别讲述了大连24个老地名和38座老建筑的故事。这两组报道被大连出版社选入品读大连丛书，出版了《大连老地儿》和《大连老建筑》两本书。2013年，我们将视角放在大连的老镇上，记者们带着情感，寻访大连老一辈人，听他们讲述我们心中的那些老镇故事。城子坦的道观，青堆子的房，营城子的汉墓，复州城的墙，这些都是承载大连人情感和家园的真实所在。

时代在变，老镇当前都面临着转型挑战，比如街镇的土地瓶颈日益凸显，比如原有的产业亟待调整升级，又如公共服务如何跟上城镇化的脚步……在这样的新形势下，有着深厚历史文化底蕴的老镇，就不能再仅仅着眼于自己的古老资源，而是要因地制宜应对挑战，在“古今”资源中梳理出当前的最大优势，走出一条真正适合自己的复兴之路。

老镇的采访困难且无头绪，但又是充满情感的一次新体验。我们为什么要一次次远赴乡村苦苦挖掘？还要提到从“地理大连”到“大连老建筑”再到“大连老镇”贯穿至今的情感——

因为我们爱大连。

（本书在采写过程中，得到了环保爱好者曲天锋、孙杰祺、郝心怡、程梓峻的帮助，特此感谢！）